说话的艺术
The Art of Speech

汤智斌 ◎ 编著

中山大学出版社

·广州·

版权所有　翻印必究

图书在版编目（CIP）数据

说话的艺术/汤智斌编著. —广州：中山大学出版社，2021.4
ISBN 978-7-306-07109-5

Ⅰ.①说… Ⅱ.①汤… Ⅲ.①语言艺术—通俗读物 Ⅳ.①H019-49

中国版本图书馆CIP数据核字（2021）第024163号

出 版 人：	王天琪
策划编辑：	熊锡源
责任编辑：	熊锡源
封面设计：	曾　斌
责任校对：	周昌华
责任技编：	何雅涛
出版发行：	中山大学出版社
电　　话：	编辑部 020-84110283，84113349，84111997，84110779，84110776
	发行部 020-84111998，84111981，84111160
地　　址：	广州市新港西路135号
邮　　编：	510275　　　传　真：020-84036565
网　　址：	http://www.zsup.com.cn
	E-mail:zdcbs@mail.sysu.edu.cn
印 刷 者：	广州市友盛彩印有限公司
规　　格：	787mm×1092mm　1/32　10.25印张　220千字
版次印次：	2021年4月第1版　2021年4月第1次印刷
定　　价：	40.00元

如发现本书因印装质量影响阅读，请与出版社发行部联系调换

谨以此书奉献给所有想要好好说话并一定能把话说好的人们。

说话智慧的"搬运工"

（自序）

　　好好说话，是春天里的和风拂面，是夏日里的蛙鸣伴眠，是金秋时节的丹桂飘香，更是寒冬腊月的红梅凌霜。好好说话是"吸铁石"，它妥妥地把人和和美美地联结在一块儿；好好说话是"生产力"，它极大地促进文明的进步与发展。好好说话是一种处事态度，是一种生活方式，更是一种待人礼节；好好说话是一种社交规则，是一种职场需要，也是一种情感表达的普遍要求。我认为，对父母好好说话，是最大的孝；对爱人好好说话，是最甜的吻；对儿女好好说话，是最柔的爱；对亲人好好说话，是最深的情；对朋友好好说话，是最醇的意；对上司好好说话，是最诚的敬；对下属好好说话，是最厚的德；对客户好好说话，是最好的礼……总之，对他人好好说话，是最亮的光；而对自己好好说话，是最真的善。

　　语言，是人类最重要的交流工具。语言的传播是随着信息传播手段的革命而不断进步的。从有声语言到文字，从印刷技术的发明到电报、电话、电视与互联网通信（包括微信、微博、电子邮件等）的出现，再到当今人工智能语言，一次又一次交际方式的革命无疑极大地促进了人类文明的进步。

　　说话，是人们最重要的交际行为和沟通方式。咱们中国人历来注重说话，把会说话说成"口吐莲花"，把不会说话说成

说话的艺术

"狗嘴里吐不出象牙"。因此，说不说、说什么、怎么说、何时说、何地说、谁来说、对谁说、为啥说、说得好不好、说了以后有什么后果、说到能否做到等等，这些都是每一个人在说话之前，尤其是在说话的时候，必须认真对待的大事！正所谓，"良言一句三冬暖，恶语伤人六月寒"。这就充分说明了好好说话和把话说好的重要性及价值、作用与意义。个人认为，旅行（也包括亲朋好友之间的相互走动），客观上是为了更多、更好、更及时地观照和参考别的人、别的地方乃至别的国家和民族的生存状态；而人际交往，事实上也是为了观照和参考别人的思想状况和生活状态等。我们在说话的同时，既表达了自己的思想观点，也披露了自己的情感状态和生活模式；我们在听人说话的同时，也能达到了解别人思想观点、情感状态和生活模式的目的，从而实现信息对称，收到相互学习、共同提高的效果。

　　有关说话，尤其是有关演讲与口才方面的书籍真可谓触目皆是；但这本小册子似乎有些独特，它是一本关于"说话智慧"的书，里面收集了古今中外但凡与"说"（包括"听"）有关的成语、习语、谚语、俗语、诗词、格言，以及名篇名著、名人名言、妙语佳句等，是古往今来关于说话智慧的结晶。因此，这也是一本关于说话智慧的工具书、参考书，读者诸君，展卷浏览则必有所得，查阅翻检则茅塞顿开，教诲子弟则大受裨益。

　　本书将萃选出来的有关内容从说与不说、准备了解、方式方法、言行观点、时间地点、主体选择、客体对象、情感态度、礼节习俗和逻辑道理十个方面进行了粗略分类，再将每一类别又细分为"正向评判""负向评判"和"客观表述"三个方面，并给每一类正向评判和负向评判各选配了一个"经典故事",以便读者在分类学习中进行深度思考、深层实践和深刻感悟。此外,在细分小类时,又特意将有关在"家庭"和"职场"中如何好好说话的内容放到了一块儿,意在聚焦于营造工作与生活的良好语言环境。如果套用俄国文豪列夫·托尔斯泰所说的"幸福的家庭都是相似的,不幸的家庭各有各的不幸"这句话,我们是不是也可以这样说,"说得好的话语句句相似,说得不好的话语各各不同"?当然,那些凡是说得好的话语,一定会在上述十个方面中的至少某个方面或多个方面都表现得恰到好处;而那些说得不好的话语,也一定会在上述十个方面中的至少某个方面甚至多个方面都表现得不如人意。因此,本书的归类既可能是一种独到的特点,同时也可能只是一种粗浅的尝试。因为,本书的归类可能不一定十分精准,甚至在应该归到哪个具体类别的问题上,有时还可能出现"仁者见仁,智者见智"的情况。好在编写本书的目的纯粹是抛砖引玉,意在提醒读者在说话智慧的学习与实践中举一反三、确有所获。

本书还将一些有关"肢体语言"的内容放在了第一章中,供读者学、思、践、悟,以做参考。

在编写过程中,虽然自己只是一名说话智慧的"搬运工",但还是得到了家人和诸多亲友、领导、同事的鼓励、支持与帮助,尤其是得到了中山大学出版社领导和熊锡源博士的支持,特撰联一首以表谢忱:果木谷蔬,介乎天人之间,承日月精华,掬水土滋孕,养育万众,醇醇厚德何须语;辑编师导,唯在品味一念,究学问络理,穷道术奥原,成就百家,讷讷大辩不必言。同时,也拜请读者不吝赐教,多提宝贵意见。

希望这本书能够给您带来不一样的体验与感悟、改变与提升。让我们一起努力,活到老、好好说话到老!

目 录

第一章 说与不说 ··· 1
  一、认识"说"的意义 ·· 2
  二、洞悉"不说"的价值 ···································· 11
  三、把握"说"与"不说"的尺度 ······················ 23
  四、肢体语言 ·· 33
第二章 准备了解 ··· 57
  一、"准备了解"比较充分 ································· 57
  二、"准备了解"不够充分 ································· 63
  三、对"准备了解"的客观表述 ························ 67
第三章 方式方法 ··· 71
  一、"方式方法"比较妥帖 ································· 71
  二、"方式方法"不够妥帖 ································· 106
  三、对"方式方法"的客观表述 ························ 115
第四章 言行观点 ··· 121
  一、"言行观点"比较正确 ································· 121
  二、"言行观点"不够正确 ································· 130
  三、对"言行观点"的客观表述 ························ 140
第五章 时间地点 ··· 144
  一、"时间地点"比较恰当 ································· 144
  二、"时间地点"不太恰当 ································· 153

三、对"时间地点"的客观表述 …………………… 158
第六章　主体选择 ……………………………………… 162
　　一、"主体选择"比较合适 …………………………… 162
　　二、"主体选择"不太合适 …………………………… 174
　　三、对"主体选择"的客观表述 …………………… 185
第七章　客体对象 ……………………………………… 188
　　一、"客体对象"比较精准 …………………………… 188
　　二、"客体对象"不够精准 …………………………… 209
　　三、对"客体对象"的客观表述 …………………… 216
第八章　情感态度 ……………………………………… 219
　　一、"情感态度"比较得体 …………………………… 219
　　二、"情感态度"不太得体 …………………………… 245
　　三、对"情感态度"的客观表述 …………………… 266
第九章　礼节习俗 ……………………………………… 271
　　一、"礼节习俗"比较周全 …………………………… 271
　　二、"礼节习俗"不太周全 …………………………… 288
　　三、对"礼节习俗"的客观表述 …………………… 294
第十章　逻辑道理 ……………………………………… 295
　　一、"逻辑道理"比较严密 …………………………… 295
　　二、"逻辑道理"不够严密 …………………………… 309

参考文献 ………………………………………………… 312

第一章　说与不说

【本章导语】

　　语言，是人类最重要的交际工具。除了口头语言和书面语言外，人们还经常使用肢体语言。比如：恋人间含情脉脉地看上一眼，其所表达的无限情意乃是口头语言抑或书面语言均难以传述的。

　　"说"还是"不说"？这确实是个永恒的问题。因为"说"有"说"的价值和意义，"不说"有"不说"的逻辑与道理。因此，我们应尽可能学会把握好"说"与"不说"的分寸以及说多说少的尺度；毫无疑问，肢体语言也存在着同样的问题。

一、认识"说"的意义

【经典故事】
苏秦"一语扭转乾坤"

《史记》记载了苏秦使齐的有趣故事:

燕国的苏秦被派往齐国,任务是设法劝说齐国把攻击目标转移到燕国以外的国家去。谁知,苏秦一回到燕国,齐国就出乎意料地发动大军攻打燕国,夺走了十个城池。

燕王大惊,立即召来苏秦,要他再到齐国去沟通一下,设法说服齐王,把夺去的城池要回来。苏秦也觉得这是自己的工作没做好,有责任去齐国进行交涉。当然,现在城池已被夺去,要毫无代价地要回来,并非易事。

苏秦到了齐国,会见了齐王。他俯身相拜,开口就说:"这次大王扩张了领土,非常可庆可贺!"一句话恭维得齐王心花怒放,齐王饶有兴致地听苏秦说下去。然而,此时苏秦慢慢地抬起头,态度来了个一百八十度的大转弯,说:"可是,齐国的命脉也就到此为止了!"齐王猛地一怔,不解地问:"先生先庆后忧,转变如此之快,不知何意?"苏秦见已引起了齐王的注意,不敢错过机会,立即解释说:"大王,我听说快要饿死的人,也不敢乱吃有毒的乌喙,因为愈是吃它,死得愈快。而我认为,燕国虽是小国,燕王却是秦王的女婿,现在齐国夺去了燕国城池,也就是同强秦为敌了,强秦一定不会袖手旁观。像大王这样,只捡了几个城池的小便宜,却很可能招致强秦大军报复的恶果,这不正如同吃了有毒的乌喙一样吗?"

第一章　说与不说

　　齐王听了，吓得脸色骤变，问苏秦："那该怎么办？"苏秦见目的快要达到了，便侃侃陈辞："古时候的成功者，大都懂得'转祸为福，解祸呈祥'的道理，我以为如今之计，大王最好立即把夺来的城池还给燕国。那样，燕国一定会感激大王的恩德，而秦国也会赞赏大王宽宏大量，就能'释旧怨，结新交'。若此，天下诸侯也必然会对贵国友善。"齐王觉得苏秦说得有道理，于是下令把夺来的城池还给了燕国。

【简要述评】
　　苏秦首先用一句恭维话起了个愉快的开头，然后抓住齐王欢悦的心理，在出其不意使对方震惊之际，大谈福祸相依、利害得失的道理，顺利地完成了无代价索回城池的任务，真可谓"一语扭转乾坤"。

（一）应"说"

1. 成语、习语

一字褒贬　　　言出心声　　　言为心声
毋庸讳言　　　无可讳言　　　没话找话
不鸣则已，一鸣惊人。
话不说不明，地不钻不透。
鼓（钟）不敲不响，话不说不明。
砂锅不打不漏，话不说不透。
人不劝不善，钟不敲不鸣。
灯不亮要人剔，人不明要人提。
善言是世上的音乐。

2. 名篇、名言

言之者无罪,闻之者足以戒。（[周]《诗经·大序》）

美言可以市尊,美行可以加人。（[春秋]老子《道德经·第六十二章》）

言以足志,文以足言,不言,谁知其志？（[春秋]《左传·襄公二十五年》）

君子赠人以言,庶人赠人以财。（[战国]《荀子·大略》）

再没有什么比我们的语言更能影响思想的方式了。（傅雷,转引自傅敏,2004：228）

世有疑惑,必须发问。（杨澜,转引自杨澜、朱冰,2009：1）

教育应在交谈中揭示真理,通过交流使人信服。（[古希腊]苏格拉底①）

请求,它就会给你；追寻,你就会寻获；敲门,它就会向你敞开。（马太福音,转引自卡耐基,1987：95）

在一切自由之上,给我知道、说话并根据良心自由辩论的自由。（[英国]约翰·弥尔顿,转引自卡耐基,1987：167）

生活的智慧,大概就在于遇事问个为什么。（[法国]巴尔扎克②）

---

① 田建华、杨涵楸、韩旭. 浅谈辩论中批判性思维的运用——以现代辩论赛为例. 道客巴巴（http://www.doc88.com/p-5049585787704.html）. 2020-6-27.

② 新东方网（http://tool.xdf.cn/jdyl/result_baerzhake107.html）. 2020-6-27.

所有的狗都应当叫,就让它们各自用上帝给它的声音叫好了。([俄国]契科夫①)

没有不同意见的争论,没有批评的自由,任何科学都不可能发展,不可能有成就。([苏联]斯大林,转引自卫志强,2015:249)

语言具有启迪思维的惊人功效。([美国]马登,等,2013:8)

不论你身在何地,处于何种社会,也不论你到达人生的哪一站,要得到别人的支持和理解,有一点终究是不变的:你得开口说话。([美国]马登,等,2013:3)

赚取一百万美元,要比用英文表达出一句金玉良言容易得多。([美国]卡耐基,2011a:1)

与人相处的能力就像糖或咖啡一样,也是一种可以购买的商品;与世上的其他任何东西相比,我更愿意为这种能力支付更多的报酬。([美国]洛克菲勒,转引自卡耐基,2011a:4)

3. 摘句、摘语

口才决定成败。

一根舌头打天下。

表达力就是影响力。

口齿伶俐,是一种锐利的武器。

有研究表明:即使是工程之类的技术工作,也仅有15%的经济收入是靠技术、技能获得的,而85%取决于人类工程的技巧——人格魅力和领导他人的沟通能力。

---

① 易学啦(https://tiku.yixuela.com/detail/27835.html). 2020-6-27.

发问会产生创意,要在有限的时间内问出最好的问题。

会说话便是财富。假如你不能同别人直接沟通、密切联系,不能培养你丰富的同情心,不能在别人的事上发生兴趣,不能帮助别人,不能分担别人的痛苦、共享别人的快乐,那么不管你学问多好、成就多大,你仍是冷酷、无友、孤独和不受欢迎的。

我们每个人除了要接受专业训练外,还必须能说会道,学会与人打交道,具备做说服、动员工作的能力,与人建立密切的关系,从而成为名副其实的"推销员"。

有研究表明,男人每天说7000个字,而女人要说2万个字。

会说话,一定能改变人生。语言变心态就变,心态变行为就变,行为变习惯就变,习惯变人格就变,人格变命运就变。

(二)"说"己

1. 名篇、名言

君子必贵其言,贵其言则尊其身,尊其身则重其道,重其道所以立其教。 ([东汉]徐干《中论·贵言》,转引自钱厚生,2010:169)

随意表达自己的思想,是每个人的自由权。([古希腊]荷马,转引自李华木,2000:250)

对自己说说自己必须感激的事情,便能使自己的心灵充满升腾、欢畅的思想。 ([美国]卡耐基,1987:85)

2. 摘句、摘语

说话让人舒服,你才能拥有好人缘。

我们的声望、我们的幸福和价值,在很大程度上都取决于人际交往能力的强弱。

（三）"说"人

1. 成语、习语

一言惊醒梦中人。

一语点醒梦中人。

一句话使人笑，一句话使人跳。

2. 名篇、名言

健谈者永远都是社会的宠儿。（［美国］马登，等，2013：3）

3. 摘句、摘语

有时候，毁掉一个人，一句话就够了。

美国芝加哥大学的一项调查发现：成年人首先关注的是健康问题，其次是人际关系。比如，怎样理解他人并与之相处，如何让人们喜欢你，如何赢得他人对你的想法的认同。

人生处在低谷时，旁人的一句话都可能带来决定性的影响。一句泄气的话，当事人可能就真的一蹶不振，再无翻身之日；一句挑拨的话，当事人更可能心生怨恨，负气而为；而一句鼓励的话，就可能让当事人树立信心，走出低谷。

说话，包括演讲、争辩、谈判、说服、沟通等，是一个人综合素质的集中体现。不会说话是个大问题，没有意识到自己不会说话是更大的问题。

天性善良的人容易木讷，天性聪明的人容易尖锐，天性大大咧咧的人容易伤人不自知，天性细腻柔和的人容易絮絮叨叨惹人烦。

现在不光是"90后""00后"，很多"85后"的年轻人似乎也已失去了与人用口头语言交流的能力，成了"低头族"；可是要解决问题，很多时候人和人之间用语言直接沟通

说话的艺术

才是最有效的。

(四)"说"事

1. 成语、习语
面授机宜　　　　口占一绝　　　　告密
发问是知识之门。　　啥也不问,啥也学不到。
要长学问就得多问。　　多问长知识。

2. 名篇、名言
不学不成,不问不知。　([东汉]王充,转引自钱厚生,2010:28)

低眉信手续续弹,说尽心中无限事。　([唐]白居易《琵琶行》)

3. 摘句、摘语
一句话,往往毁掉一个宏伟计划。

能明白地说清一个问题,问题就解决了一半。

(五)"说"理

1. 成语、习语
一针见血　　　　一言中的　　　　一语破的
一语中的　　　　谈言微中　　　　一语道破天机

2. 名篇、名言
疗未患之疾,通不和之气。　([东晋]葛洪,转引自钱厚生,2010:209)

一言参差即千里万里,难为收摄。　([唐]云居道膺①

人声之精者为言,文辞之于言,又其精也。　([唐]韩

---

① 新东方网(http://tool.xdf.cn/guji/10452.html). 2020-7-7.

愈,转引自钱厚生,2010:260)

一言截断千江口,万仞峰前始得玄。 ([北宋]释省念①)

若要问条理,全在语言中。 ([清]曾国藩,转引自曾仕强,2014:90)

真理是由争论确立的。 ([德国]马克思②)

3. 摘句、摘语

理解他人并与之沟通,让人们喜欢你,才能赢得他人对你的想法的认同。

学会把知识简洁地说出来,不仅需要知识量,还能锻炼知识的系统结构能力与逻辑梳理能力。

(六)"说"职场

1. 成语、习语

一言九鼎

一语定乾坤。　　　　一语扭转乾坤。

片语可以兴邦,一言可以辱国。

一言兴邦,一言丧邦。

2. 名篇、名言

太上有立德,其次有立功,其次有立言。虽久不废,此谓之不朽。([春秋]《左传·襄公二十四年》)

一人之辩重于九鼎之宝,三寸之舌强于百万之师。

---

① 古诗词名句网(http://www.gushicimingju.com/gushi/shi/288816.html). 2020-7-7.

② 百度知道(https://zhidao.baidu.com/question/459991.html). 2020-7-7.

（［南北朝］刘勰《文心雕龙·论说》）

注意一下说话的艺术，否则你会因此断送前程。　（［英国］莎士比亚，转引自杰纳兹，等，2006：192）

3．摘句、摘语

如果有绝对谈不成的事，那就不叫外交了。

工作评估时，你不但要记下你的反馈，还应该向老板陈述你的意见。要尽力让他明白，你的感觉与他的感觉是有差异的。

（七）"说"家庭

1．成语、习语

会哭的孩子有奶吃。

2．名篇、名言

在很多情况下，男人所忽视的东西往往是女人重视的东西，如一句问候、一句关心，或者一句表达爱意的话——这本来是无关紧要的东西，但是往往却能够使女人高兴起来。既然如此，为什么还要用沉默来折磨女人呢？　（［美国］卡耐基[①]）

3．摘句、摘语

研究发现，影响幼儿大脑发育的不是词汇量，而是父母与孩子的交流方式。孩子与父母交谈的频率越高，他们大脑中语言相关区域的活动就越强。跟孩子多说话吧，说话交流对孩子大脑发育影响最大。

交谈不仅促进亲子关系，也促进了孩子的社交能力。交谈

[①]　藏书网（http://www.99csw.com/book/8696/309042.htm）．2020－7－7．

具有一种强大的驱动力,让孩子多方面能力同时发展。

永远都不要低估父母的话对一个孩子一生的影响。

君子的培养开始于教育,而完成于沟通和交往。

如果你希望你的另一半做家务,或者需要你的男朋友陪你逛街,等等,你应该明确地向他提出具体要求,不要以为他能领会。

二、洞悉"不说"的价值

> **【经典故事】**
> ### 范雎"沉默的力量"
>
> 战国时,秦昭王第一次召见范雎,问计于他。当时,昭王虽身为一国之君,但军政实权仍掌握在宣太后和叔叔穰侯手中。秦昭王虽想实行变革,但无法实施。谋略家范雎上书秦昭王,毛遂自荐,说有办法调整秦昭王与母后及叔侯的关系,使秦国强大。
>
> 秦昭王很高兴,立即召见他。召见那天,范雎故意在约定的召见地闲逛。秦昭王驾到,侍臣高喊"回避!"这时,范雎故意提高嗓门,说道:"秦国哪有什么大王,只有宣太后和穰侯而已!"这话正说到秦昭王的心坎上,秦昭王见是范雎,不安地对范雎说:"早该拜见先生,向先生讨教,只因政务烦心,拖到今日。望先生勿怪,多加指点。"范雎就像没听到一样,一言不发,环顾四周。侍臣们见此,以为范雎无礼,正要发作。秦昭王却一挥手,让侍臣们退下。他猜度,范雎一言不发可能是侍臣在场之故。于是,他又对范雎说:"请先生赐教!"

说话的艺术

> 范雎开口只说了两声"是"。停了一会儿,秦昭王又一次开口向范雎请教,范雎仍只说了两声"是"。如此重复而已。后来,秦昭王便朝范雎跪了下去,说:"先生不肯赐教吗?至少也该解释一下一言不发的理由吧!"这时,范雎才扶起秦昭王,并向秦昭王谢罪说:"不敢如此。"
>
> 接着,他诚恳地向秦昭王谈了"远交近攻"的策略,谈了宣太后和穰侯等人擅权、架空昭王一事,也提出了应对策略,说得秦昭王心花怒放,连连点头,并马上任命他为顾问。几年后又让范雎做了宰相,并像过去齐桓公称管仲为"仲父"那样,称范雎为"叔父"。

> 【简要述评】
> 范雎用"沉默""无言"的方法,达到了引起秦昭王重视的目的,确有其妙不可言的独特效力。可见,沉默有时比激越语言的力量更为强大。

(一) 总而言之"不说"

1. 成语、习语

一言不发	不声不响	闭口不谈
绝口不提	绝口不道	不动声色
不露声色		

沉默是金。　　　　　　沉默比言词更有说服力。
沉默胜于雄辩。　　　　宁静最好。
安静是生命的皇冠。　　不回答也是一种回答。
多说不如少说,少说不如不说。
缄默的嘴和真诚的心,是当今世界上最令人赞美的东西。

2. 名篇、名言

沉默是一种处世哲学,用得好时,又是一种艺术。(朱自清①)

有一种沉默,叫一笑而过。(章岩,2019:113)

3. 摘句、摘语

沉默不是冷漠,而是爱的艺术;沉默不是软弱,它胜过千言万语,是对喧嚣的有力回应。

(二) 时机不当"不说"

1. 成语、习语

噤若寒蝉　　　话出口不能收。

2. 名篇、名言

千古盈亏休问。叹慢磨玉斧,难补金镜。([南宋]王沂孙《眉妩·新月》)

3. 摘句、摘语

一个人的成熟,从沉默开始。

遭到不幸时,沉默是上策。

(三) 场合不妥"不说"

1. 成语、习语

心照不宣　　　鸦雀无声

2. 名篇、名言

倚楹遂至旦,寂寞将何言。([唐]柳宗元《中夜起望西园值月上》)

---

① 超越网(http://www.cyyangqiguan.com/zuowen/zw02100014.html).2020-7-7.

说话的艺术

风流不在谈锋胜，袖手无言味最长。（［南宋］黄升《鹧鸪天·张园作》）

草鞋根断来时路，百鸟不啼花乱红。（［南宋］廓庵师远①）

无语。邮亭深静，下马还寻，旧曾题处。（［南宋］袁去华《瑞鹤仙》）

酒中不语真君子，财上分明大丈夫。（［明］《增广贤文》②）

沉默较之言不由衷的话更有益于社交。（［法国］蒙田，转引自李华木，2000：2）

3. 摘句、摘语

如果天空是黑暗的，那就摸黑生存；如果发出声音是危险的，那就保持沉默；如果自觉无力发光，那就蜷伏于墙角。

一群人的时候，守住自己的嘴，那是一种德行。

你在炒菜做饭的时候，没必要喋喋不休，应专心做好自己手头的事。

（四）内容不便"不说"

1. 成语、习语

| 保密 | 秘而不宣 | 难言之隐 |
| 屏声静气 | 皮里春秋 | 不能赞一词。 |

---

① 百度文库（https://wenku.baidu.com/view/982921d95901020206409ce0.html）.2020-7-7.

② 《增广贤文》自明朝编写以后，后人多有增删，作者不详。本书中所引该书内容取自刘青文主编《增广贤文》，北京出版集团公司，北京教育出版社，2015年版。

浑身是口不能言,遍体排牙说不得。

2. 名篇、名言

子不语怪、力、乱、神。（［春秋］《论语·述而》）

此中有真意,欲辨已忘言。（［东晋］陶渊明《饮酒二十首》）

是非以不辩为解脱。（［唐］百丈禅师,《丛林要则二十条》①）

悠然心会,妙处难与君说。（［南宋］张孝祥《念奴娇·过同夜》）

多知而无统,杂举而不亲,君子弗言也。（［清］汤鹏,2011:220）

吾辈既知此学,必须努力向前,将一切闲思维、闲应酬、闲语言扫除净尽,专心一意钻进里面,安身立命,务要换一个人出来,方是进步功夫。（［清］曾国藩,转引自曾仕强,2014:239）

最残酷的谎言常常是在沉默中说出来的。（［英国］斯蒂文森②）

与其夸大胡说,不如宣布那个聪明的、技巧的、谦逊的警句:"我不知道!"（［意大利］伽利略,转引自李华木,2000:281）

应该由心来操纵舌头,而不应由舌头来操纵心。（［以

---

① 个人图书馆（http://www.360doc.com/content/19/0827/23/36829030_857455939.shtml）.2020-7-7.

② 百度文库（https://wenku.baidu.com/view/e944772a2d60ddccda38376baf1ffc4ffe47e24f.html）.2020-7-7.

色列]《塔木德》①)

沉默不会使人后悔。 ([犹太]《塔木德》②)

3. 摘句、摘语

爱情可以意会,无须言传。　　只可意会,不可言传。
不要泄露秘密。　　　　　　　不要走漏风声。
隐瞒真相有时也是一种美德。
在某些事情上最好保持沉默。
有些话烂在肚子里,比说出来更好。
与其说话不中肯,不如一言不发好。
沉默与精心选择的词具有同样的表现力,就像音乐中的休止符和音符一样重要。
其实,每个人都有不愿说白了的难言之隐。

(五) 道理不明"不说"

1. 名篇、名言

我一再强调的是,言论自由是不说话的权力。 (易中天③)

我只知道一件事,那就是"我什么都不知道!" ([古希腊]苏格拉底,转引自卡耐基,2011a:101)

对一件事不发表任何意见,使我们的灵魂不受扰乱,这是

---

① 百度文库(https://wenku.baidu.com/view/be7329f7070876323 1126edb6f1aff00bed570ac.html).2020-7-7.

② 百度文库(https://wenku.baidu.com/view/be7329f70708763211 26edb6f1aff00bed570ac.html).2020-7-7.

③ 百度文库(https://wenku.baidu.com/view/9f7eaa1c2b160b4e767 fcf77.html).2020-7-7.

在我们力量范围之内的事情,因为事物本身并没有自然的力量形成我们的判断。（[古罗马]马可·奥列留·安东尼《沉思录》①）

倘若A代表人生的成功,那么公式是:A等于X加Y加Z,X是工作,Y是游戏,Z是保持缄默。（[美国]爱因斯坦,转引自李华木,2000:229）

2. 摘句、摘语

愚蠢,总是在舌头比脑子跑得快的时候产生。

不知道说什么时请沉默,不说话真的不会死。

沉默可增加神秘感,能减少暴露缺点的机会,是安全感与力量的暗示,是权力和威信的体现。

（六）主体不宜"不说"

1. 成语、习语

守口如瓶　　　　　　　　免开尊口
沉默是妇女最好的服饰。　　聪明莫过于沉默。
死人不会告密。　　　　　　死人不会搬弄是非。
咬人的狗不叫。　　　　　　正在吃食的狗不吠。
不喵喵叫的猫会逮耗子。　　人贫不语,水平不流。
懂得缄默的人是明白人。　　观棋不语真君子。
桃李不言,下自成蹊。
不声不响的猪吃光了全部的饲料。
傻瓜不吭声,冒充聪明人。
沉默对智者是金,而对蠢人则必不可少。

---

① 个人图书馆（http://www.360doc.com/content/11/1125/11/1454773_167241534.shtml）.2020-7-7.

2. 名篇、名言

天何言哉？四时行焉，百物生焉。（［春秋］《论语·阳货》）

大慎者闭心，次慎者闭口，下慎者闭门。（［唐］武则天，转引自李华木，2000：285）

唯有长江水，无语东流。（［北宋］柳永《八声甘州》）

花能解语应多事，石不能言最可人。（［南宋］陆游《闲居自述》）

花魂鸟魂总难留，鸟自无言花自羞。（［清］曹雪芹《红楼梦·葬花吟》）

与其做个聒噪的无趣的人，不如做个安静的人。（陈道明①）

（七）客体不对"不说"

1. 成语、习语

看破不说破。

2. 名篇、名言

欲人勿闻，莫若勿言。（［汉］班固《汉书·枚乘传》）

但去莫复问，白云无尽时。（［唐］王维《送别》）

低头向暗壁，千唤不一回。（［唐］李白《长干行》）

地下若逢陈后主，岂宜重问后庭花。（［唐］李商隐《隋宫》）

---

① 腾讯网（https://new.qq.com/omn/20200504/20200504A0GCUT00）．2020－7－7．

万木无声知雨来。　（南怀瑾《南怀瑾选集》①）

3. 摘句、摘语

苏格拉底告诉一名想学演讲的青年为什么要交两倍的学费，是因为不仅要教他演讲，还要教他学会闭嘴。

千万不能在别人面前说谁的坏话，你说的坏话会像长了翅膀一样很快飞到对方耳里。

遇到"三季人"、垃圾人或不同"道"的人，最好保持沉默。

在专横者面前，任他声嘶力竭，我自低头不语。

别人在你面前说某个人的坏话时，你不要去插嘴，只需要微笑示之。

（八）结果不佳"不说"

1. 成语、习语

鱼亡于嘴。　　　　　　　母鸡不叫不下蛋。
沉默很少招灾惹祸。　　　多言吃苦头，沉默少灾祸。
嘴巴闭得紧，苍蝇飞不进。
嘴巴闭不紧，生活不安宁。
口张神气散，舌动是非生。

2. 名篇、名言

乱之所生也，则言语以为阶。　（［周］《周易·系辞上》，邓球柏，1993：414）

但行好事，莫问前程。　（［明］《增广贤文》）

凶德致败者约有二端：曰长傲，曰多言。　（［清］曾国

---

① 新浪博客（http://blog.sina.com.cn/s/blog_69f6ca920101hm1u.html）．2020-7-7.

藩,转引自郦波,2011a:238)

于事无补、于己有害的一言一语、一举一动都得避免。(傅雷,转引自傅敏,2004:360)

3. 摘句、摘语
宁可默不作声,不可出口伤人。

(九)情感不适"不说"

1. 成语、习语
欲说还休　　　　　　大悲无声
用沉默表示否定。　　　敢怒不敢言。

2. 名篇、名言
沅有芷兮澧有兰,思公子兮未敢言。 ([战国]屈原《九歌·湘夫人》)

东船西舫悄无言,唯见江心秋月白。 ([唐]白居易《琵琶行》)

世间有人谤我、欺我、辱我、笑我、轻我、贱我、恶我、骗我,如何处置乎?只是忍他、让他、由他、避他、耐他、敬他、不要理他,再待几年,你且看他! ([唐]寒山、拾得,转引自章岩,2019:101)

相顾无言,唯有泪千行。 ([北宋]苏轼《江城子》)

无言有泪,断肠争忍回顾。 ([北宋]柳永《采莲令》)

永日无言,却下层楼。 ([北宋]柳永《曲玉管》)

执手相看泪眼,竟无语凝噎。 ([北宋]柳永《雨霖铃》)

草色烟光残照里,无言谁会凭阑意。 ([北宋]柳永《蝶恋花》)

凭高近日凝伫,赢得销魂无语。 ([北宋]柳永《竹

马子》)

生怕离怀别苦。多少事,欲说还休。 ([北宋]李清照《凤凰台上忆吹箫》)

红萼无言耿相忆。 ([南宋]姜夔《暗香》)

今休说,问渠床下,凉夜伴孤吟。 ([南宋]张镃《满庭芳·促织儿》)

尽无言,闲品秦筝,泪满参差雁。 ([南宋]吕渭老《薄幸》)

相看烛影,拥衾谁语? ([南宋]张炎《月下笛》)

杜鹃无语正黄昏,荷锄归去掩重门。 ([清]曹雪芹《红楼梦·葬花吟》)

在你发怒的时候,要紧闭你的嘴,免得增加你的怒气。([古希腊]苏格拉底①)

3. 摘句、摘语

网络聊天时,看到回复"呵呵、嗯、哦、啊、你不困吗、我在忙、我要去洗澡了、我去吃饭了、我去睡觉啦"或者冷淡的表情,你就该闭嘴了。

真正的感谢,是写在眼睛里的,不是放在嘴上的。

(十)关于"职场"

1. 名篇、名言

此心光明,亦复何言?([明]王阳明,2016:64)

平生最爱鱼无舌,游遍江湖少是非。 ([明]《增广贤文》)

---

① 新东方网(http://tool.xdf.cn/jdyl/result_sugeladi25.html). 2020-7-7.

2. 摘句、摘语

在商业谈判中，谁先开口谁先输。运用这条格言，很多人获得了更高的工资和意外的惊喜。

我们不应该公开或私下议论老板和同事在工作之外的所作所为。否则，别人会认为你在传播流言或窥探他人的隐私。

向你的上司解释换工作是因为有晋升的机会或想换一种职业。即使换工作是因为厌恨老板，你也不必明说。

如果你想边干现在的工作边找新工作，就悄悄地做。对你最好的同事也不要过分信任，他很可能把你的秘密透露给别人。不要让管理部门知道你在找工作，这对你不利。

职场本就是是非之地，哪怕你说错一句话，都有可能招惹祸端，因此做人要不露声色。

沉默，是一个人在社会中最大的智慧。

公司，尤其是跨国公司，带给世界的是一种无言的交流，更是一种潜移默化的融合。

（十一）关于"家庭"

1. 成语、习语

妻要装瞎夫装聋，家庭才能得太平。

2. 名篇、名言

食不语，寝不言。（［春秋］《论语·乡党》）

鸳鸯密语同倾盖，且莫与、浣纱人说。（［南宋］张炎《疏影·咏荷叶》）

一个贫嘴的孩子，是招人厌烦的，有时候还会给自己和家庭带来麻烦。我母亲经常提醒我少说话，她希望我能做一个沉

默寡言、安稳大方的孩子。（莫言①）

三、把握"说"与"不说"的尺度

【经典故事】
蛙虫乱叫与公鸡司晨
古时候，有个叫子禽的人问墨子："说很多，有好处吗？"墨子回答说："蛙虫之类，一天到晚叫个不停，嘴巴都干了，可又有谁听呢？大公鸡天快亮时按时一叫，天下震动，人们纷纷起床下地干活。由此说来，说得多又有什么好处呢？说要说得是时候啊。"

【简要述评】
说话的关键不在于说得多或者说得少，而在于要在合适的时间、合适的场合，由合适的人以合适的方式，给合适的对象来说出合适的内容。

（一）多少

1. 成语、习语

废话少说	毋庸赘述	沉默寡言
言多必失	言多必妄	话多伤人

---

① 百度知道（https://zhidao.baidu.com/question/1829926132666808980.html）．2020－7－7．

说话的艺术

只言片语　　　寡言少语　　　寡言寡语
多听长智慧,多说招后悔。　　多嘴的人是无赖。
吃多味不美,话多不值钱。　　话多智慧少。
何事最为优,多听少开口。　　少说为妙。
话到嘴边留三分。
话要说得好,但要说得少。
话要少说,事要多知。　　手要勤快,嘴莫多说。
羊叫得多了就吃得少。　　羊每叫一次就少吃一口。
要多思、少说,更要少写。　　智者多听少说。
智者一言足矣。　　智者寡言,愚者话多。
讷为君子,寡为吉人。　　只有慎言,才能少是非。
出言慎重,胜过口若悬河。
你所知道的不要全说,你所听到的不要全信。
话到舌尖留半句,事从理上让三分。
不要做你所能做的一切,不要花光你所拥有的一切,不要相信你所听到的一切,不要说出你所知道的一切。

2. 名篇、名言

多闻阙疑,慎言其余,则寡尤。　　(〔春秋〕《论语·为政》)

丰而不余一言,约而不失一辞。　　(〔唐〕韩愈,转引自钱厚生,2010:86)

话说多、不如少,唯其是、勿佞巧,奸巧语、秽污词,市井气、切戒之。① 　　(〔南宋〕《三字经》)

---

① 本书中《三字经》《弟子规》引句均出自《传统国学典藏》编委会编著:《三字经·百家姓·千字文·弟子规》,中国画报出版社,2011年版。

第一章　说与不说

寡言养气，寡视养神，寡欲养精。（[清] 曾国藩，转引自郦波，2011a：236）

将你的耳朵给人，却尽量不要将你的声音给人。（[英国] 莎士比亚，转引自卡耐基，1987：169）

思想麻醉的人的力量远不如言语那么强，一个人说话多了，会对自己的话信以为真。（[法国] 巴尔扎克①）

人思考越多，话越少。（[法国] 孟德斯鸠，转引自卡耐基，1987：222）

少说些漂亮话，多做些日常的平凡的工作。（[俄国] 列宁，《列宁全集》②）

多用行动少用言语来进行宣传。（[俄国] 列宁，《列宁全集》③）

不要解释太多。（[西班牙] 巴尔塔莎·葛拉西安，2008：17）

我们，花了两年学会说话，却要花上 60 年来学会闭嘴。（[美国] 海明威④）

3. 摘句、摘语

少吃少说，有益无害。

多看、多听、别多嘴，你就会过太平日子。

信息的传递，等于 7% 的用词 + 38% 的语言 + 55% 的

---

① 金句吧（https://www.jinju8.com/ju/mskt）. 2020 - 7 - 7.

② 百度知道（https://zhidao.baidu.com/question/37641763.html）. 2020 - 7 - 7.

③ 百度文库（https://wenku.baidu.com/view/9b3f2e60f46527d3240ce0ec.html）. 2020 - 7 - 7.

④ 搜狐（https://www.sohu.com/a/320261837_99939235）. 2020 - 7 - 7.

表情。

三年学说话，一辈子学闭嘴。

守住你的一切秘密。在你不得不讲时，只吐出10%，并且不要解释为什么，这就是大人物的神秘定律。

如果你想过太平日子，那么你就得静听、多看、少说。

嘴巴主要是用来吃饭的，而不是说话的。

气不和时少说话，有言必失。

（二）场合

1．成语、习语

观棋不语真君子，把酒多言近小人。

该说话时就说话，该沉默时就沉默。

消逝的时间和说出的话都追不回来。

2．摘句、摘语

出去旅游，不要胡乱发表言论和拍照传播，不可随便议论当地的文化习俗和政治、宗教等敏感话题。

最追不回来的三件事：射出的箭、说出的话和失去的机会。

（三）内容

1．成语、习语

夸财招祸　　　　止谈风月

病从口入，祸从口出。

钱包不露底，思想要保留。

言不可尽信，信不可尽言。

不要尽言所知，而要尽知所言。

2. 名篇、名言

见未真,勿轻言;知未的,勿轻传;事非宜,勿轻诺;苟轻诺,进退错。 ([南宋]《三字经》)

艺术的第一条规律就是:如果你没什么可说,就请住嘴;如果你有话可说就请说出来,幸勿胡说八道。 ([法国] 罗曼·罗兰,转引自李华木,2000:293)

3. 摘句、摘语

不说透,不说尽。

吃饭、微信群聊天以及撰写文章,我们都要注意敏感话题,不可想说什么就说什么,轻则惹上麻烦,重则遭受牢狱之灾。

想想你所说的一切,但不要把你所想的全都说出来。

语言不可说尽,说尽则机不密。

有些事情是不能告诉别人的,有些事情是不必告诉别人的,有些事情是根本无法告诉别人的,而有些事情是即使告诉了别人,你也会马上后悔的。

知道的不要全部倾吐,看到的不要都加妄评,这样生活才能安宁。

采访别人时,对于敏感问题,问还是不问,这是一个问题;怎么去问,也是一个问题。

(四) 方式

1. 成语、习语

表达出于天性,沉默来自理解。

雄辩是银,沉默是金。

吃亏的和解也比胜诉强。　　学当守口,言必柔软。

2. 名篇、名言

言未及之而言,谓之躁;言及之而不言,谓之隐;未见颜色而言,谓之瞽。（［春秋］《论语·季氏》）

说话,不要留下教导的影子。（［英国］波普,转引自章岩,2019:104）

3. 摘句、摘语

言语上随意"亮剑"就是莽撞的代名词。

要么说话要得体,要么知趣闭嘴。

多言取厌,虚言取薄,轻言取侮,唯有保持适当的缄默。

（五）言行

1. 成语、习语

多干实事少说话。	少许愿,多做事。
要少说多思,少说多做。	要少说话,多观察。

2. 名篇、名言

行事不可任心,说话不可任口。（［清］《西岩赘语》①）

沉浮30多年,我的原则是多做事、少说话。（周星驰,转引自章岩,2019:封底页）

不要想说什么就说什么,凡事须三思而行。（［英国］莎士比亚,转引自李华木,2000:286）

（六）主体

1. 成语、习语

有口难言	百口莫辩
蠢人嘴巴讲,聪明人用心想。	无知者,慎言为上。

---

① 爱问（https://iask.sina.com.cn/b/KIlDKLl5x1.html）.2020-7-7.

第一章　说与不说

吠狗不咬人，咬人狗不吠。　　知者不言，言者不知。
不知缄口者不善言。　　　　　敏于听，缓于言。
博学者寡言。　　　　　　　　见多识广者，沉默寡言。
伟人寡言。　　　　　　　　　少说多做是伟人的特征。
慎言为智。　　　　　　　　　寡言者智。
施惠者应沉默，受惠者应宣扬。
施人慎勿言，受施常言报。
智者的嘴长在心里，蠢人的心长在嘴上。
智者思其所言，愚者言其所思。

2．名篇、名言

君子食无求饱，居无求安，敏于事而慎于言，就有道而正焉，可谓好学也已。　（［春秋］《论语·学而》）

善者不辩，辩者不善。　（［春秋］老子《道德经·第八十一章》）

多言而类，圣人也。少言而法，君子也。多言无法而流湎然，虽辩，小人也。　（［战国］《荀子·大略》）

厚者不毁人以自益也，仁者不危人以要名。　（［西汉］《战国策·燕策三》）

夫不知言而言，妄言者也；不知言而不言，慎言者也；承言而言，学者也。　（［唐］《北山录》①）

---

① 《大正藏·北山录》.

说话的艺术

解语非干舌,能言不在声。 ([宋]释安永①)

智非语也,语智非智也,喋喋者必穷,期期者有庸,丈夫者何必有口哉。 ([明]冯梦龙,2007:475)

好问好察,改过不吝之谓上智;饰非拒谏,自以为是之谓下愚。 ([清]陈确,转引自钱厚生,2010:130)

慎身为勇悍,慎口悍亦然。 ([清]《大藏经》②)

沉潜者其言简,酝酿者其言厚,捡括者其言详。 ([清]汤鹏,2011:206)

多听,少说,接受每一个人的责难,但是保留你的最后裁决。 ([英国]莎士比亚③)

无知的人总以为他所知道的事情很重要,应该见人就讲。但是一个有教养的人是不轻易炫耀他肚子里的学问的,他可以讲很多东西,但他认为还有许多东西是讲不好的。 ([法国]卢梭,转引自李华木,2000:173)

人因为会说话而胜过野兽,然而如不正确地说话,野兽便胜过你。 ([伊朗]萨迪,转引自卡耐基,1987:205)

---

① 百度汉语(https://hanyu.baidu.com/shici/detail?pid=0af0c6b79f82ed78171bbfd6589e283a&from=kg0&highlight=%E8%A7%A3%E8%AF%AD%E9%9D%9E%E5%B9%B2%E8%88%8C%EF%BC%8C%E8%83%BD%E8%A8%80%E4%B8%8D%E5%9C%A8%E5%A3%B0). 2020-7-7.

② 中国古典文学(http://www.zggdwx.com/chuyaojing/10.html). 2020-7-7.

③ 新东方网(http://tool.xdf.cn/jdyl/result_shashibiya275.html). 2020-7-7.

（七）客体

1. 成语、习语

话在嘴里,属于自己;话一出口,人家所有。

要结仇多讲,要交友多听。

2. 摘句、摘语

在所有令人讨厌的人中,说话太多是名列前茅的。

一人独处慎于思,与人相处慎于言。

（八）逻辑

1. 成语、习语

人舌比刀剑还要锋利。　　　　舌能杀人,也能救人。

舌头不是钢,一动把人伤。

舌头虽无骨,却断他人骨／头。

舌头只有三寸长,却能杀害六尺汉。

说话者播种,听话者收获。

两只耳朵对一舌,故应多听而少说。

2. 名篇、名言

事以密成,语以泄败。　（［战国］《韩非子·说难》）

造物主给了我们两只耳朵,两只眼睛,而只有一个舌头,为的就是让我们多听、多看、少说。　（［古希腊］苏格拉底①）

舌头既是最好的、也是最坏的东西。　（［古希腊］伊索

---

① 百度文库（https://wenku.baidu.com/view/1cb73bdda36925c52cc58bd63186bceb19e8edf8.html）。2020－7－7.

说话的艺术

《伊索寓言》①）

3. 摘句、摘语

说话和闭嘴正如鸟之双翼,一个人只有拥有这两项能力,才能展翅高飞、翱翔天际。

说话是一种本能,闭嘴是一种修行。

说话正如开车,说是油门、不说是刹车,掌控好了刹车和油门,才能在人生路上平稳疾驶。

说是一种能力,不说是一种智慧;看懂了是聪明,说出来有时候是自作聪明。

(九)职场

1. 名篇、名言

主过一言而国残名辱,为后世笑。（［战国］《吕氏春秋·慎小》）

为政不在言多。（［清］赵慎畛②）

2. 摘句、摘语

开短会,讲短话,戒空话、套话。

开会发言时,要提前准备好,不要滔滔不绝和文不对题。

你说出的每一句话,都可能传进别人耳朵。

一旦你无意中透露了上司的一些隐私,上司对你的印象顿时就会一落千丈。

---

① 百度知道（https://zhidao.baidu.com/question/515776180.html）. 2020-7-7.

② 百度知道（https://zhidao.baidu.com/question/530427910.html）. 2020-7-7.

第一章 说与不说

四、肢体语言[①]

【经典故事】

被眼神乱了阵脚

有一次举办集体舞大赛,甲队准备充分,临场表现出色,眼看冠军在望。这时,乙队出场了,个个服装鲜艳精致,人人装扮大方得体,男女队员均年轻靓丽,身高也比甲队略胜一筹。甲队快到手的金牌眼看要飞走,于是马上要坐在第一排的10名小伙子眼睛全都齐刷刷地盯着第一个出场的姑娘看。过了一会儿,这位第一个出场的姑娘突然发现居然有这么多人的眼睛眨都不眨地盯着自己,还随着自己的脚步移动而倾斜身体,就以为她自己的服装是不是有什么问题,又以为化妆出了什么问题,顿时慌乱起来,以致舞步出错。这时,10名小伙子一见她舞步出错,就赶紧鼓掌,这下她更慌了。集体舞一人出错,自然整体都乱了,乙队的夺冠希望就可想而知了。

【简要述评】

虽然本故事中甲队为了夺冠采用了不够正当的竞争手段,但也从另一方面充分说明了运用"眼神"这类肢体语言所发挥的重要作用。

[①] 本节内容主要参考亚伦·皮斯、芭芭拉·皮斯著,王甜甜、黄佼译:《身体语言密码》,中国城市出版社,2007年版。

说话的艺术

（一）重要意义

要宣扬你的一切，不必用你的言语，要用你的本来面目。（［法国］卢梭，转引自李华木，2000：280）

肢体语言是比说话更有效的沟通方式。

研究表明，通过无声语言传递的信息所产生的影响力是有声话语的5倍。尤其是两个女人面对面交流的时候，她们几乎会全部依赖于无声的肢体语言进行交流，而无视话语所传递的信息。

说话的主要作用是传递信息，而肢体语言则通常被用来进行人与人之间思想的沟通和谈判。在某些情况下，肢体语言甚至可以取代话语，发挥传递信息的功效。

熟练掌握并利用肢体语言，其实就好比我们给自己穿上了一件质地和功能都相当特殊的衣服，这件衣服最大的特点就是能使我们以最佳的状态出现在他人面前。

在任何一次面对面的谈话中，大部分的信息都是通过肢体语言来进行交流的，但是绝大多数人却经常忽视肢体语言信号以及它们的作用与影响。

你完全可以在出门之前调整好自己的情绪，利用肢体语言让工作中的自己变得更加自信，言行变得更加可爱、更具说服力。

（二）如何解读

正确解读肢体语言的三大规则：连贯性地理解、寻找一致性来理解、结合语境去理解。

现代人解读肢体语言的能力实在是太糟糕了，因为我们将注意力全都集中在了有声的话语上。学习解读他人的肢体语言，不仅能够让我们更加准确地明白他人操控事物的方法，而且能够让我们更加关心和在乎他人的感受和情绪。

解读他人肢体语言的关键就在于你是否能够一边倾听对方的谈话，一边观察他说话时的语境，从而了解他的内心情感。

掌握了如何解读肢体语言的能力，就能够在对方亲口说出不利于你的决定之前，洞察先机、看破对方的心思，从而使你有足够的时间来扭转不利局面，甚至改变对方的想法。

当我们的"直觉"或者"本能"告诉我们某个人撒了谎时，其实我们的本意应该是对方的肢体语言和他的话语自相矛盾。

假如我们对肢体语言弄虚作假，那么在同一时间发生的主要肢体动作和表情、肢体细节所传递的细微信号以及我们的话语，这三者之间必定无法达成一致。

撒谎的困难就在于我们的潜意识是自觉而独立的，无法和嘴上所说的保持一致，于是身体语言便会泄密。

一个人的身体处于戒备姿势时，如果你想要说服他同意你的观点，那么你最好先试着让对方改变身体姿势。

肢体语言观察家与高谈阔论者的区别是什么？前者通常手持一个笔记本和一支笔，而后者则只有一张嘴。

（三）文化差异

全球的文化差异比比皆是，但是世界各地所使用的肢体语言信号却是基本相同的。

全世界的文化基本要素几乎都是相同的，而其中最大的文化差异无外乎是地域空间、眼神交流、肢体接触频率以及带侮辱性质的手势等方面。

由于电视和电影的广泛传播，北美的肢体语言正逐渐成为

说话的艺术

各个国家不同文化下成长起来的年轻一代的共同语言。

"OK"手势西方人用来表示"没问题""好",日本人则当成"金钱"的标志,法国人认为其代表"零",土耳其人和巴西人则当成是一种侮辱性的手势。

法国人握手的频率最高。

意大利人说话时会站得与你十分贴近,告别时还会亲吻你的两个脸颊。

英国人会撅起嘴唇来表示心中的不满,同时往往还会不停地眨眼。

千万不要在希腊竖起大拇指招便车。

沙特男子当众抓住另一名男子的手,表示相互尊重。

日本人以鞠躬作为初次见面时的问候方式。

日本人把面子问题看得很重,尽量不要去问那些答案可能是否定的问题。

(四) 异性之间

据统计,2003年全世界男女在学习两性关系方面的投资高达30亿美元,其中男学员的数量远远多于女学员。

所谓一个人"感知力强",就是指他能够通过观察,发现人们的话语和肢体语言之间的矛盾之处。在这方面,女性比男性要强一倍。当一个人的话语与他的肢体语言相矛盾的时候,女性听众大多会否定他的话语意思。

事实上,90%的情况下,率先向异性发出挑逗信号的大多为女性,只不过由于不易为人所察觉,所以男性才会认为自己是主动的一方。

人类的求爱过程遵循"五步走"的步骤:眼神交流、微笑、整理仪容、说话、肢体接触。

第一章 说与不说

在求爱过程中，决定权大多掌握在女人手中，而男人能做的只有不断地"搔首弄姿"，以此来博取对方的好感。

在寻找伴侣时，我们更加倾向于选择那些外形、长相与自己相当的人，因为这样的伴侣长期守候在我们身边的可能性会更大，同时他们外出寻找更好机会的概率也会更低。

当女人说"不"时，她其实是想说"也许"；而当她说"也许"时，事实上她的答案就是肯定的。

女性天真无邪的面容能够刺激男性雄性荷尔蒙的分泌，从而激发起他们对女性的保护欲。女性则会更加青睐那些具有成熟型面容的男性。

女人只要在商务场合保持较为严肃的表情，男人们就会倾向于认为她是一个聪明、机敏和理智的女人。

女人总是对那些具备平滑而深沉嗓音的男人格外青睐。

无论是在社交还是在职场中，女性微笑的频率远高于男性。

假如你是一名男士，那么请记住，无论你是否意识到了，你身边的女性都在观察并解读你发出的各种肢体语言信号。

从本质上来说，男性的示爱动作和姿势其实就是一个展示权力、财富和身份的过程。

从男人的立场出发，他说一个女人很有幽默感，并不是说这个女人很会说笑话，而是说在他讲笑话的时候，她哈哈大笑。

当男人向女人投去暧昧的目光时，女人立刻会心中了然，可是面对女人暧昧的目光，男人们却往往无动于衷。

（五）场景例举

1. 面试

如果你希望得到他人的重视，你首先需要从心理上改变自己，在面试时表现得自信十足，让对方觉得你将会是一名十分称职的员工。

请记住，其他人对你的印象中有90%都来自你们见面的最初4分钟，而其中60%至80%的评价都取决于你的肢体语言。

营造良好第一印象的黄金法则：在接待处，你应该脱下外套并将它交给接待员，然后最好保持站立的姿势，绝对不要坐下。进入面试室时，不要有任何的犹豫，不要显得慌乱、缺乏信心和不自然。走进去后，要大方地和面试官打招呼并做自我介绍（每次说话不要超过30秒），坦然地与他们握手，并迅速坐下。握手时，力度最好能与对方保持一致，并将结束握手的主动权交给对方，切记不要隔着办公桌直接与对方握手。坐下时，你应该挺直背部，尽量坐在椅子的边缘，将椅子或身体转向面试官并与其保持45度角，侧面朝向面试官。你的动作和手势、表情要简单明了、沉着冷静，可适当模仿对方的动作和表情。要尊重他人的私人空间。离开时，沉着冷静地收拾好自己的东西，千万不要匆忙和慌乱；最好与对方握手道别，然后转身走出房间并随手将门关上。

在大多数情况下，我们走路的姿势、握手的方式以及其他所有肢体语言，都是决定我们面试结果成败的关键。

在回答问题时，如果领导或考官不止一位，你的眼光一定要逐一投视，切记不要忽视任何一方。

在会面时，带一个轻便的公文包，保持站立的姿势，保持五指并拢的手部姿势，使用有说服力的词语，关注对方的上衣纽扣，并露出你的手肘，最好让你的竞争者背对门口。

在面试的最后，简历上的内容大都被丢进了遗忘的角落，面试官的记忆里留下的只有应聘者在面试时的种种表现和自己对他的印象。

假如某人让你等待的时间超过20分钟，那只能说明他们工作秩序紊乱、组织性不强，或者对方想借此故意抬高自己向你施压。

2. 公共场合

在机场这样的公共场合，人们往往会将自己心中的渴望、愤怒、悲痛、快乐以及焦虑和其他种种情感通过肢体语言的形式公开地表现出来。因此，要想观察人们的面部表情和动作，机场实在是一个再好不过的地方了。除此以外，公共集会、商业会谈以及各种舞会等，也都是学习和研究他人肢体语言的大好机会。

3. 方位

研究表明，个人发言时最好能尽量突出自己的左脸。

与人并肩而坐、促膝长谈，是取得他人信任、获取对方合作的好方法。

坐在对方的正对面，会引起对方的负面心理效应。

当你想让观众们笑时，你最好是站在舞台的左侧。而当你想让观众们哭时，则可以换到舞台的右侧。

坐在前排的观众获得的信息更多，参与互动的积极性也更高，事后能记住的内容也最多，后排的位置最容易让人开小差和打瞌睡，当然也方便提前"开溜"。

4. 个人空间

个人空间分为：公共空间，社交空间，私人空间，私密空间。在所有的个人空间中，私密空间的间距是最为重要的。因为，人们对于这个空间有着格外强烈的防护心理，就像对待自己的私有财产一样。

感情上越是亲近，身体距离就会越近。如果在你靠近的时候，对方往后退并试图与你保持距离，那就表明他在拒绝你。

根据自己的舒适程度来调整与他人之间的距离，不过假如对方在你靠近他的同时向后退，你就应该停下前进的脚步。

女人和女人之间保持的身体间距可以更近一些，更喜欢面对面相视交谈，而且彼此的身体接触也更多。

由于对个人空间认知上的差异，欧美人和亚洲人、乡村人和城市人相互之间常常形成误解，或者做出不准确的推断。

在陌生人中，我们只允许医生和理发师进入我们的私密空间，但在任何时候都会对自己的宠物敞开大门，因为它们不会对我们产生威胁。

不管跟谁打招呼都要拍对方的肩膀或者聊天时总是接触对方的身体，这种大大咧咧的人在每个人的心里都会遭到嫌恶。

不管是在拥挤的电梯、地铁、电影院还是公交车里，当别人无意中入侵我们的个人空间时，只要我们不在意、不关心这些人的存在，我们的身体就不会进入紧张的防御状态。比如，地铁里的乘客们并非都情绪低落，他们只是在掩饰自己的真情实感。

5. 职场

无论你从事何种职业，要想成就一番事业，有一种能力不可或缺，那就是"看透他人心思的能力"。掌握了这种能力的人，才是最有智慧的。

不管你从事何种职业，一般都会涉及与人打交道，所以你要学会换位思考，学会如何让对方感到自然放松。

绝大多数行政管理者办公室的布局都不太合理，都是由室内设计师决定的，这些设计师很少会关注非语言因素等细节的重大影响力。

尽量拉开来访者与自己办公桌的距离，是行政管理者经常使用的一种凸显自身地位和权力并给对方造成压力的办法。

切记不要侵犯对方的地盘，除非你已经用语言或动作向对方提出了要求，不然你的行为就会被视为越界。

正面朝向对方的坐姿，会让谈话气氛变得严肃。

与老板的着装风格保持一致，不要比你的老板穿得更好。

当你和老板会面时，如果老板邀请你坐下，你应注意不要误闯老板的私有领地。

位于右侧的人往往更容易受到青睐。员工应该经常站在老板的右侧。

职场中的女性如果希望赢得较好的声誉和信誉，最好在与他人，尤其是男性握手时，采取强而有力的握手方式。

假如你打算在餐桌上谈公务，那么最明智的做法就是在菜全部上齐之前结束谈话。高级餐厅里朦胧轻松的氛围，显然更能够促使对方做出有利于你的决定。

尖塔型的手势经常出现在上下级之间的交谈中，这一手势代表的是信心或者自信。但有时也会给人造成一种自鸣得意、狂妄自大的感觉。

在大型聚会中，地位最高的那个人总是迈出第一步的人，而后其他人会逐一跟进，而且一般也要遵循地位高低的顺序。

上司说话时不抬头、不看人，或朝别的地方看，这是轻视、漠视下属的表现。

6. 家庭

夫妻之间讨论相互间的肢体语言开始得越早，今后克服婚姻综合征的概率就越大。

在婚姻当中，笑声是衡量夫妻关系是否融洽、婚姻是否成功的标准。丈夫让妻子笑得越多，他的魅力和吸引力就越大。

夫妻两人在一起生活了很长时间，彼此关系融洽，那么他们就会变得越来越相像。这是由于他们长期模仿彼此的面部表情，脸上相同部位的肌肉就会越来越相似。即使两人五官差异很大，但在照片上依然会显得很相像，因为他们的笑容一样。

如果夫妻中的一方不仅不模仿另一方愉悦的表情，还要以轻蔑的神情给对方泼冷水，这样的婚姻就很容易走向失败。

患有自闭症的小孩，对别人肢体语言的感知能力都比较低。

（六）具体身姿

1. 头

把头部向一侧倾斜是一种顺从的表示，还会让人显得更加弱小和缺乏攻击性。

当听众用手支撑着头时，表示他们心中已经产生了厌倦情绪。

低头，意味着否定、沮丧、审慎和具有攻击性、批判性的态度。

低头弓背，让自己显得更微小、不太引人注意，以免打扰到别人。

点头表示顺从，能够激发合作与肯定的态度。缓慢地点头表示很感兴趣，快速地点头表示不耐烦。

额头的横纹，表示注意力集中，全力理解别人的话，或惊讶、怀疑、迷惑、受惊、害怕。

额头的垂直纹，表示全神贯注集中能量。

第一章　说与不说

挠头可以表示不确定的意思，也可以是去除头屑的动作。

说话时始终保持抬头的姿势，点头的次数应该是 3 的倍数；在聆听他人说话时，最好让头部稍稍倾斜。

抬头，表示持中立态度；如果同时还伴随着用手触摸脸颊的手势，则表示认真思考；如果头部高高昂起，并且下巴向外突出，那就显示出强势、无畏或者傲慢的态度。

摇头的动作，折射出内心的消极态度。

2. 肩

耸肩时，包含三个部分：摊开手掌以表示手中并没有隐藏东西，收缩肩膀以保护咽喉不受攻击，扬起眉毛是一种表示顺从的问候方式。

3. 嘴

我们可以通过什么肢体语言，判断出一个人正在撒谎？那就是：他的嘴唇在颤抖。

一个人准备得越充分，他的嘴巴越容易张开。在紧张、害怕或忐忑不安时，人们的嘴巴大多数是闭着的。

孩子捂住嘴巴的动作往往会提醒父母，孩子正在说谎。当一个少年说谎时，他只是让手指放在嘴边，轻轻地在嘴边摩挲着。当一名成年人说谎时，他举起的手并没有放在嘴巴上，而是在轻轻地碰触到鼻子之后就又重新放下了。

当人们没有记住刚听到的话语时，最常见的动作就是将手移至脸庞，用拇指支撑着下巴，食指保持一种向上的姿势贴在脸颊上，而剩下的三个手指则正好将嘴巴挡住。另外，双腿紧紧交叉，而双臂也以类似的姿势环抱于胸前（防御的状态）。与此同时，他的头和下巴均保持一种下垂的姿势（否定或不友善的态度）。

4. 脸

不爱笑的女人离婚率大大高于爱笑的女人。

人在群居生活时欢笑的次数是独处时的30倍。和他人建立友好的关系，比各种笑话及有趣的故事要好很多，因为在让人发笑的各种原因中，只有15%与笑话有关。想与他人沟通、建立良好的联系，才是我们大多数笑容的真正原因和目的。

五种常见的笑：抿唇笑，隐藏了某个不为人知的秘密，或者不想与对方分享自己的想法和观点；歪脸笑，西方人表示挖苦讽刺；开口大笑，给人一种很开心的感觉；斜瞄式的微笑，表示俏皮和心思暗藏以及腼腆害羞；美国南方式的微笑，给人傻乎乎、乐呵呵的感觉。

研究表明：你笑得越多，其他人对你的态度就会越友好。

一个成年人平均一天笑15次，而一名学龄前儿童平均每天的大笑次数都在400次左右。快乐的人甚少生病，而那些精神抑郁、成天抱怨连连的人，就会经常受到疾病的困扰。

开怀大笑一分钟就可以使人在接下来的45分钟内都处于放松的状态。

保持一张容光焕发的面容，让微笑成为你生活和工作中的好伴侣。保持清新的口气和洁白的牙齿。

微笑是你最好的气场，贵人就在你微笑面对的人中间。

微笑是一种谦恭、顺从的信号，我们利用微笑告诉其他人，自己不会给他们带来任何伤害，希望他们能够从私人的角度接受自己。

适时的微笑，会对谈判产生积极的效应，从而使谈判双方达成更高的成交额、获得更大的效益。

一定记住要微笑，经常无条件地微笑。

自然的笑容会让人的眼睛四周产生细纹，而在一张不真诚的笑脸上，细纹只会出现在嘴的四周。

当我们因为开心而面露笑容时，眉毛和眼睑之间的部分眼皮会向下移动，而眉尾也会随之微微下沉。

脸上一闪而过的迟疑，诉说着内心情感的挣扎。

出台行礼或谢幕时，面部表情要温和。

那些患有溃疡的人，皱眉的频率明显高于没有溃疡的人。说话时将手放在额头上，就可以纠正这一不好的习惯。

如果是假笑，我们左右两侧脸庞的表情并不会完全相同，其中一侧的表情会显得更加夸张，这是因为我们的左右两个半脑都希望能使笑容看起来显得更加真实，结果在意识的控制之下，弄巧成拙。

5. 眼部

爱情的话语全在双眼中。

在所有的灵长类动物中，只有人类的眼睛拥有眼白，也就是巩膜。

眼睛所传递的信号是最有价值也是最为准确的，因为瞳孔的运动是独立、自觉、不受意识控制的。瞳孔扩张会增加吸引力，变得和善亲切。当一个男人被一个女人吸引时，他的瞳孔的尺寸会增大三倍。女人的瞳孔扩张的速度比男人更快。

在社交中，我们大约有90%的时间将目光停留在对方的两只眼睛和嘴巴组成的三角小区域内。如果你将目光锁定在这个区域，对方就会始终有被威逼和胁迫的感觉。

在视频会议中，与会人员所接受到的信息83%都来自眼睛，只有11%来自耳朵，还有6%来自其他感官。

研究表明：口头陈述能够被听众所记住的只有10%，如果将口头语言与视觉信息结合起来，听众就会记住50%的内容，同时还可以节约30%左右的会议时间。

说话的艺术

长久的注视，会激发亲密的情感。

男人的视野是管状的，所以让他们蒙上了好色的骂名，而女人两只眼睛的视野范围至少能向外扩展45度左右。

当一个女人走出房间时，所有人都会偷瞄她的臀部，这与她的长相无关。

说话时要注意用眼神表达，有时还要用其他肢体语言配合。

说话时应当与身边的每一个人都保持适当的眼神交流，从而让他们感到舒适自在。说话时凝视对方能赢得更高的信誉度，除非有文化禁忌。

保持眼光接触。当有人发表观点时，你的眼光要长时间保持看着他的状态，如果有人插话，要把脸转过去并面对着这个说话的人。

高挑的眉毛，让人感觉百依百顺。而较低的眉毛，看起来富有侵略性。眉尾向下延伸，既让人觉得很威严，又有一种挥之不去的忧虑感。

如果你喜欢他或者你想让他喜欢你，就向他轻抬眉毛。

两个人在交谈中产生第一次目光接触时，往往是弱势的一方会先把视线移开。如果你长久地注视对方，那就表示你不同意他的看法。

你和别人交谈时，如果对方眨眼的频率变得拖沓，那是因为你的表现不够精彩。

斜视，可能表示感兴趣，也可能表示不确定，甚至表示敌意。

如果斜视的目光伴随着压低的眉毛、紧蹙的眉头或者下拉的嘴角，那就表示猜疑、敌意或者批判的态度。

东张西望的神情，表明缺乏安全感。

撒谎者大都会看着你的眼睛。

社交场合的目光会削弱训斥的威力，暧昧的目光则会让挨训的人感到紧迫或是尴尬。

一个人回忆某样看过的东西时，目光会投向上方；回忆听过的声音时，目光会投向侧面，同时脑袋略微倾斜，仿佛在聆听；回忆某种感觉或是情绪时，目光会投向右下方；如果他只是在内心自言自语，目光就会投向左下方。

在低头的时候抬起眼睛往上看，是另一种表示顺从谦恭的姿势。婚姻遭遇危机时，戴安娜王妃用这一姿势博得了全世界的同情。

在会议中，男人会把目光更多地停留在女人身上，但是女人的目光则不会明显偏向于男人。

道路以目，是中国古代封建专制统治下的历史产物。

6. 眼镜

戴眼镜的人往往会给别人带来勤奋、聪明、保守、有教养和诚恳的印象。

在会议上戴着黑色的太阳镜，一定会让其他人觉得可疑、神秘或不靠谱，而把太阳镜架在头顶上，则会给人随和、年轻和酷的感觉。

频繁地把眼镜取下来擦拭镜片，是为做决定争取时间的一种办法。

从眼镜上方窥视的目光，会让他人产生遭受胁迫的感觉。

7. 声音

语言节奏有低沉型、高亢型、凝重型、轻快型、紧张型、舒缓型，说话时要注意抑扬顿挫，语速快慢适中。

声音越高越表示强调，语速、语调以及声调，包括叹息声、呻吟声或带有哭腔、笑腔的声音，都可以判断一个人的情感。

温和的声调是化解争论的良药。

当老师布置作业时，不能有叹息声和抱怨声。

"哈哈"代表生命力或个体的压力、紧张通过发泄得到了缓解。

"嘿嘿"表示在嘲笑别人、幸灾乐祸，也可表示无法理解。

"呼呼"表示吓唬别人。

"嚯嚯"表示惊奇、嘲弄。

"嘻嘻"表示窃笑或幸灾乐祸。

轻咳、咳嗽及打嗝，表示提醒什么或想摆脱什么。

8．手、指

男人的谎言通常会被自己的肢体语言所出卖，女人则喜欢用忙碌来掩饰自己说谎时的慌乱情绪。

不在他人面前擤鼻涕、抠鼻孔、挖耳朵、搓泥垢、剔牙齿、修指甲、挠头摸脑，也不要在他人面前抖动腿脚、咳嗽、打哈欠、打喷嚏等。

把拇指塞进皮带或放在裤子口袋里，这种西部牛仔的姿态表明攻击性的态度。一些具有女权意识的女性，偶尔也会这样做。

把拇指留在上衣口袋外，表示自己高人一等或处于优势地位。

拇指向上，一般表示自信。

将双手握在一起背在身后，这种姿势能营造一种权威、自信的感觉。但如果是一只手抓住另一只手的手腕，抓的位置越高，表明他的挫败感或愤怒情绪就越强烈。

将双手置于口袋之中，是男人们比较偏爱的一种姿势，这个姿势是想借此告诉你,他并不想加入到谈话中来。

如果举起的双手握在了一起,即使面带微笑也难以掩饰失落与挫败感。

双手摆出托盘式的姿势,表示倾慕,多为女性以及男同性恋。

双手叉腰,让你显得更加魁梧和打眼,也是准备发起攻击的信号。

人们常常会用摩擦手掌的动作来表达期待之情,比如掷骰子。

暴露的手掌,会让我们显得更加坦诚,使我们赢得更高的信誉度,还有助于阻止对方向你传递虚假的信息,并且能够敦促他对你坦诚相待。

手心向上表示无恶意,手心朝下表示权威性。伸出的手指表示"立刻照做!不然走着瞧。"伸出手指往往会引发负面效应。这时候如果改成一个"OK"状的手势,会让你显得更加温和、亲切。

投降的小狗会吐出舌头以示友好,人只会亮出自己的手掌表示自己的清白或者展示自身的诚意。

9. 握手

八种最不受欢迎的握手方式:死鱼式的握手、老虎钳式的握手、碎骨机式的握手、蜻蜓点水式的握手、单刀直入式的握手、扳手式的握手、压泵式的握手、湿抹布式的握手。

如果你是一名职业女性,在社交中你应当尽早伸出手,表达出明确的握手意向,从而避免可能出现的尴尬和混乱局面。

垂直的手掌与合适的力度组成的握手方式,永远都是最受欢迎的。

如果两个人并肩站立,被媒体记者摄影时,权势和优势的天平总是倾向于画面左侧（实际站在右侧）的那个人。

如果你在与他人握手时手心向上，那就意味着你愿意屈从于他，或者在向对方道歉。

假如对方并没有任何握手的意思，那么销售人员最好用点头致意的问候方式来代替握手。

双手握手法，本意是想通过真诚的行为赢得对方的信任，或者向对方表达关切之情。但要注意左手不要轻易进入到别人的私人空间，除非私交不错或确实有充分的理由这么做。不然，这样的握手方式只会引起对方的怀疑，让他猜忌你的用意。

10．手势

撒谎时最常见的八种手势：用手遮住嘴巴、触摸鼻子、摩擦鼻子、摩擦眼睛、抓挠脖子、抓挠耳朵、拉拽衣领、手指放在嘴唇之间。

抓挠后颈表示沮丧和恐惧，拍击后颈的人很可能个性内向或者为人比较刻薄，拍击前额的人则可能更加外向而且容易相处。

善于利用手势来表达自我，但切记不要过度。做手势时，手的位置不能超过下巴的高度，而且手指应当并拢，尽量减少双臂或双脚的交叉动作。

思考的手势与抚摸下巴的手势同时出现，表明他正在一边思考别人的发言，一边总结自己的结论。

思考时，常常将握住的手放在下巴或者脸颊处，通常还会将食指竖立起来。

11．手臂

很多名人不会像普通人那样，直接将双臂交叉抱于胸前来保护自己，而是会将一只手看似轻松地搭在另一只手臂之上，或者用手去触摸手提包、手镯、手表、衬衣袖口等与另一只手臂有接触的物品。

从自己的衣袖上摘去并不真正存在的绒毛，表明持有个人的保留意见，但并不愿意坦率直言。

有技巧地接触对方的手肘，你达成心愿的概率将会提高三成。

当一个人将双臂交叉紧紧抱于胸前时，表明他有些紧张不安，或不愿意接受他人的意见。但是，其他人却会因此认为他不够友好、难以接近。许多演讲者，之所以没能成功地将信息传递给听众，就是因为他们没有留意到听众们交叉双臂的姿势。

如果你靠近门而且你身后有人，那就把门撑住。如果门是需要拉开的，你就拉着门让门开着并站在门旁，让别人先过，然后自己再过。如果门是要推才能开的，你就自己过了以后再撑住门，让别人过。

用双手握住茶杯，表示防御。

在参加一些社交活动或工作会议时，人们常常会因为与其他人关系生疏或缺乏自信，用单臂交叉（单臂抱在胸前）的姿势让自己与他人保持一定的距离。

在举行商务会议时，那些缺乏安全感的职场男性，会用手提起公文包或将文件夹抱在胸前等，来掩饰内心的紧张或不安情绪。

12. 腿

两腿交叉而小腿保持平行，这是被男性评选为最钟爱的女性坐姿。

女性的腿部露得越多，越能吸引男人的注意力，但男人们就越记不住她们所说的内容。

说话的艺术

腿部动作的目的：立正，表明中性的态度；双腿叉开，传达支配意味和男子气概；稍息，伸出的脚尖所指的方向，就是内心所向往的地方；双腿交叉，一般是沉默寡言。

在商务场合中，女人和男人都要常常保持膝盖并拢的姿势。

如果一个男人在商务场合做出双腿分开的姿势，会威胁到他身旁的女士。

大部分人在做出重大决定时，都喜欢保持双脚踩在地面的姿势，所以当别人的坐姿是"4字腿"（一条腿横架在另一条腿上）时，最好不要立刻要求他作出决定。

用手抓着"4字腿"，表明不会认同任何人的观点，只会相信自己。

当我们对交谈对象或话题感兴趣的时候，我们就会把脚伸向前方，缩短和对方的距离。否则，就会收回自己的脚，甚至把脚缩到椅子底下。

脚踝相扣，表明他正在努力抑制某种消极情绪，也许是没有把握或者是恐慌害怕。

害羞和胆小的人，经常使用两腿交缠的姿势。

骑跨在椅子上，表明想要获取支配与控制的地位，同时保护自己。

"弹弓式"姿势，意味着冷酷、自信、无所不知。

双腿轻轻晃动表明想逃离当前困境。

如果对方做出了起跑者的姿势，你要么转换话题、要么结束会谈。

13．模仿

女人模仿其他女人的概率是男人模仿其他男人概率的四倍。

男人不是用脸部来表达自己的态度，而是用身体。

如果男人在倾听女人说话时模仿女人的面部表情，那么女人通常会认为这个男人体贴、聪明、幽默和有吸引力。

如果遇到语速比自己快的人，人们通常会有压迫感。

当一个团体中的领导做出特定的手势和姿态时，他的下属就会模仿，而且还会按照地位高低顺序而逐步发生。

当别人做出某种身体姿势时，你有三种选择：忽略它，做出另外的身体姿势，或是模仿它。

很多人都会更加宠爱在外形上跟自己相像的宠物，或者看起来能够反映自己个性的宠物。

陌生人之间会刻意避免模仿对方的姿势。

模仿，能够给你带来丰厚的回报，但是当一个人做出表达消极情绪的肢体语言时，你最好不要盲目模仿。

模仿，能够给其他人带去安心的感觉，从而构建友善关系。

模仿行为通常发生在朋友或是地位相同的人们之间，夫妻两人经常有着同样的步态、站姿和坐姿。

有些人善于发现他人的肢体动作，然后像照镜子一样模仿做出相对称的动作。

为了更进一步建立互相尊重的态度以及友善和睦的关系，模仿会延伸到声音，包括语气、声调、语速，甚至连重音都完全相同，也就是节奏。

一般来说，你的模仿行为会带给他人宽容而放松的心态，因为他能够看到你非常认同他的观点，但有时候上级会把下级的模仿行为视为高傲自大的表现。

14．抽烟

抽烟是内心混乱或者矛盾情绪的外在反应。

吸烟者分为沉浸烟瘾之中的吸烟者和社交型吸烟者。

对于大部分抽烟者来说，其实与烟瘾并没有太大关系，更多的是出于对安全感的渴求和释放紧张情绪。

女人抽烟的姿势带有社交意味，吸烟时会挺胸，同时展示自己的腕部。男人抽烟则保持着戒备保守的姿势，塑造出带有神秘感的形象。

在任何国家，往别人脸上吐烟圈的行为都是不被容忍的。

如果你希望吸烟者能够快点作出决定的话，那么最好在进行谈判的房间里贴上：禁止吸烟。

如果一个吸烟者在点燃香烟后没有按照平常的习惯抽完而是突然摁熄，那就说明他已经准备结束会谈。

一个人往上方吐烟的速度越快，就越能表示他的优越感和乐观、自信，往下方吐烟的速度越快，就越能显示悲观情绪和隐秘、猜疑等。

15. 妆扮

化妆的确有助于增强一个人的可信赖度，尤其是对职场上的女人来说。

当女人外出约会时，最好涂上鲜艳的红色唇膏，唇形也可以适当夸大。但参加商务会议时，则以较小的唇型和朴素的唇膏为宜。

彩妆能够帮助女性塑造更加聪慧、自信和性感的形象，而在商务场合中，眼镜与彩妆的组合，更会给他人留下更积极和更深刻的印象。

女性请永远不要同时拿着公文包和手提袋，否则别人会认为你不够职业化、缺乏条理性，而且不要让公文包成为你和他人之间的一道屏障。

最好习惯于用左手拿公文包，这样当你与别人握手时，就可以从容地伸出右手，而不至于慌慌张张。

16．体态

研究表明，男性普遍害怕来自前方的攻击，而女性害怕的是来自后方的袭击。所以你不应站在一个男性的前面，而应该从女性的前方接近她。

身材矮小的人，完全可以通过穿着深色的服装或细条纹的西服（或女性套装）以及温和透明的妆容、大号的手表，来增加他人眼中的视觉高度。

在电视屏幕上，风格强硬的言行会让你看起来显得更高。

张开双臂、摊开手掌、身体前倾、脚尖对应、头部微侧和带着微笑……这些都是具有积极效应的肢体动作，不仅能使别人对你有好感，而且会让你的见解越来越有影响力。

挺直腰背，可以让自己看起来显得更高大、具有更高的地位和身份。

聆听他人说话时身体微微前倾，轮到自己说话时昂首挺胸。

面对面的交流姿势可以保证对方的注意力不转移，也能让双方看清对方的所有动作和表情，还有利于眼神交流和表达爱意。

四目相对时，往往会给人造成咄咄逼人的感觉。在气氛友好融洽的谈话中，双方往往会不由自主地侧身45度，在两人中形成一个90度的夹角。

将两腿的膝盖交叠在一起，并同时指向另一个人，是一种对那个人感兴趣或愿意接受他的肢体信号。

从脚尖所指的方向，我们不仅可以推断出这个人心中的真正想法，而且还可以了解到谁才是他最感兴趣的对象。

当三个人开始聊天时，他们可能会采取开放型的三角式站立姿势，不过其中的两个人会慢慢地越走越近，最终形成一个封闭式的空间，将第三个人排除在两人的谈话之外。

缩紧身体会让自己显得更弱小和恭顺，可以避免遭到攻击和辱骂。但是如果在街头遭遇歹徒的攻击，那么屈服的姿态反而会适得其反。

先下车或先从办公桌、柜台后面走出来，再与对方近距离交谈，能有效安抚对方的愤怒情绪。

第二章 准备了解

【本章导语】

俗话说"凡事预则立,不预则废",与人说话沟通概莫能外。在与人说话沟通之前,我们应该对说话的内容、目的、方式等进行认真的筹划,以及对即将要与自己说话沟通的对象做好充分的了解,做到思考全面、思虑周密、思想成熟,决不打无准备之仗。

一、"准备了解"比较充分

【经典故事】

纪晓岚对答如流

有一次,乾隆皇帝带着几个随从突然来到军机处,此时的纪晓岚正光着膀子闲聊。其他人老远看见皇上来了,连忙起身迎上前去接驾,纪晓岚怕冒犯龙颜,只好趁人不注意钻到桌子底下躲起来。这一切早被乾隆看了个真真切切,他心中一阵好笑,有心想整整纪晓岚。于是乾隆在椅子上坐定后,示意其他人都不许出声。很长时间过去了,纪晓岚热得

说话的艺术

大汗淋漓，他以为皇上早该走了，于是喊道："喂，有人吗？老头子走了吗？"满屋子的人都听到纪晓岚喊"老头子"了，心想这下子可有好戏看了。乾隆也听得真真切切，板起脸，厉声喝斥道："纪晓岚出来吧。"纪晓岚一听，吓得赶紧出来。过了一会儿，乾隆故意装作生气的样子，大声喝斥道："大胆纪晓岚，你不见驾也就罢了，居然还敢说朕是'老头子'，你什么意思？今天你要讲不清楚，朕要了你的脑袋！"纪晓岚一边擦汗，一边苦思对策。忽然他灵机一动，有了主意，不紧不慢地说道："万岁爷请息怒，刚才奴才称您为'老头子'，只是出于对您老人家的尊敬，别无他意。"乾隆一听更来气了："尊敬？好，你给朕说说，怎么个尊敬法？""先说这'老'字：天下臣民每天皆呼皇上万岁万岁万万岁，您说这万岁万万岁算不算'老'啊？"乾隆没作声，只是点点头。"再说这'头'字：家有千口，主事一人。如今皇上便是我大清国的主事之人，是天下万民之首；首者，头也，故此称您为'头'。"乾隆边听边眯着眼睛笑，很是满意。"至于这'子'字嘛，意义更为明显，皇上您贵为天子，是紫微星下凡。紫微星乃天之子也，因此称您为'子'。这便是我称您老人家为'老头子'的原因。"乾隆听完，拊掌大笑："好一个'老——头——子'！纪晓岚，你果然是个才子！"

【简要述评】

纪晓岚满腹经纶，厚积方能薄发，因此才有这一出机智应变、对答如流、左右逢源、妙语生花的绝妙传说，堪称精巧别致、另辟蹊径、亦庄亦谐。

第二章 准备了解

(一) 精心准备

1. 成语、习语

出口成章	口若悬河	侃侃而谈
绘声绘色	应对如流	应付裕如
应付自如	对答如流	巧舌如簧
言语流利	字正腔圆	天衣无缝
投石问路	防意如城	攻守同盟
一唱一和	异口同声	集思广益
言必有中	有的放矢	有言在先
指挥若定	远见卓识	

拳不离手,曲不离口。　　想好了再说,看清了再跳。

2. 摘句、摘语

有理有据,绝不狂言。

要学会说话,先学会读心。

好好说话,其实是好好思考。

一个人说话说得好,一定是大脑里知识长期积累、思考严谨缜密、平时反复实践运用、不断提高的结果。

说话之前,要先问自己三个问题:是真的假的?有没有用?是出于善意还是只为了显示自己独特的见解?

说话说得好的人,一定是在之前用心思考、用心准备、然后用心说话的人。

你总觉得你不会说话,其实是你不会办事。比如说追女朋友,如果你把求她帮忙、请她吃饭、一起看电影这些铺垫都做好了,就水到渠成了,然后你说什么话她可能都觉得听着舒服。

当你要别人把烟熄灭、捐款或者购买你的产品时,为什么

说话的艺术

不试着从对方的角度来考虑呢？想想"他为什么要这么做？"，这样就会避免对立，减少摩擦和不愉快，皆大欢喜。

练就令人拍案叫绝的临场反应，需做到反应快、情商高、有积累。

说服他人时，要事先了解对方的性格、长处、想法、兴趣和情绪。

说服别人，掌握一个原则就可以了：讲清好处和坏处。

有时候找个借口或引用名言，能使你不被孤立还能拉拢人心，这样左右逢源，方便自己进退自如。

有时候，只讲规定和决定，对方会觉得你不通人情。如果能补充些细节和对前因后果的解释，就能提高对方的接受度。

在你准备妥当之后，你就应该勇敢地、自信地把你想要说的话表达出来。

在说话前喝些温水或温热的柠檬水，可以润滑你的声带。

在说话或演讲前，最好了解清楚到场听众的背景，再决定说话的方式和内容。

可以在家里采用自己一个人扮演两个角色的方式，自问自答，来训练自己站在对方的立场考虑问题的能力。

说"不"来拒绝他人，确实很难。我们应该找到合适的方法，尽量把责任怪到自己头上，让双方都有台阶可下。

（二）认真跟进

1. 成语、习语

察言观色	探口风	套近乎
言外之意	意在言外	弦外之音
话里有刺	话里有话	话中有话
耳熟能详	耳闻目睹	声应气求

第二章　准备了解

遥相呼应　　　　路在口边　　　　路在嘴上
善于向人讨教者，很少犯错误。　　勤问者不出错。
遇事多问，随处可行。
要想不迷途，最好去问路。
要知河深浅，须问过河人。
宁愿问路两次，而不愿意迷路一次。
逢人就问，就能到圣城（到中国）。
笑谈之中有至理。

2. 名篇、名言

反听之谓聪，内视之谓明，自胜之谓强。（［西汉］司马迁《史记·商君列传》）

凡操千曲而后晓声，观千剑而后识器。（［南北朝］刘勰《文心雕龙·知音》）

莫信直中直，须防仁不仁。（［明］《增广贤文》）

3. 摘句、摘语

一个会说话的人，总能探知对方的想法；一个会打电话的人，总要猜测对方当时所处的环境。

成功的人际交往，依靠的是倾听和了解别人的观点，并报之以同情的态度。

反复参考，无以先入之语为主。

（三）深刻领会

1. 成语、习语

举一反三　　　　闻一知十　　　　心领神会
警醒一句，受用半生。　　老远狗就叫，近身不会咬。

2. 名篇、名言

嘤其鸣矣，求其友声。（［周］《诗经·小雅·伐木》）

3. 摘句、摘语

听别人说话时,要抓住关键词,听懂弦外之音。

如果我们仔细体会自己的说话内容和说话方式,就会发现别人是怎样形成对我们的印象、从而决定我们在他心目中的地位的。

(四) 职场

1. 名篇、名言

立身以不妄语为本。 ([清]曾国藩,转引自郦波,2011a:237)

当我要跟一个人会谈前,我宁愿在那人办公室外面走廊上来回走上两个小时,也不愿意在我还没有想好我要说的话,以及这个人可能做出的回答时(以我对他的兴趣和动机的了解),就贸然闯进他的办公室。 ([美国]迪安·多海姆,转引自卡耐基,2011b:142)

2. 摘句、摘语

介绍性致辞,要把演讲人和听众带到一起,为他们建立一种友好的气氛和连接双方期待与兴趣的纽带。

向上司汇报工作前,先看看上司的心情。

向上司做口头汇报前,精心准备一份十分简短的文字概要,以便上司快速地浏览。

向上司请教前,先想好问题的解决办法,但不要先炫耀。

(五) 家庭

成语、习语

夫唱妇随　　　　如数家珍

第二章 准备了解

二、"准备了解"不够充分

【经典故事】

英国使节张口结舌

1925年,湖南津市没收了一批英国商人偷运的军火和鸦片。为此,英国驻华大使馆的官员由省政府官员陪同,前来"找麻烦"。英国官员傲慢地说:"敝国商人在贵地津市经商,财物被你手下的人抢劫一空,请你处置。"当时,负责的主官不紧不慢地回答:"这件事我晓得了,已经派人去追查了,待我查清事实,再作处理。"英国官员以为他胆小怕事,便更加猖狂地说:"你们必须如数偿还被抢走的物资。"这位地方主官说:"那就请你写一张丢失货物的清单给我吧!"英国官员满以为他真要归还被没收的走私商品,就一件一件地写了起来。正在这时,走进来一个军人报告主官,英国人的货物里有不少是枪支、弹药和鸦片。主官一听,对英国官员说:"请你把枪支、弹药和鸦片都写上吧!"英国官员照办了,还签了名。主官接过清单,看了一眼,脸一沉,"啪"的一声把桌子一拍,说:"我正在追查私运这批军火、倒卖毒品的罪犯,想不到你们倒自己送上门来了!你们违犯了中国的法令,为了维护中国人民的尊严,我要公布出来,并向国际法庭告你们!"英国官员张口结舌,理屈词穷,气急败坏,狼狈不堪。

说话的艺术

> 【简要述评】
> 　　该地方主官并非一介武夫,颇有心计。他成竹在胸、欲擒故纵,机智而巧妙地战胜了顽敌,使英国官员张口结舌、无计可施。

(一) 准备不够充分

1. 成语、习语

冲口而出　　脱口而出　　出洋相
失言失态　　卡壳儿　　　张口结舌
无的放矢　　信口雌黄　　信口开河
姑妄言之　　有口无心　　有嘴无心
口不择言
有一搭没一搭。
信口开河就是无的放矢。
说话不思考,等于无的放矢。
说话不加思考,等于射击不看目标。

2. 名篇、名言

精妙一时言不尽,果然万物有光辉。　([清]曹雪芹《红楼梦·大观园题咏》)

(二) 言语无所顾忌

1. 成语、习语

口无遮拦　　直言贾祸　　惹是生非
据实而言　　有啥说啥　　实话实说
直肠子

早餐前唱歌,天黑前会哭。

当最需要忠告时,忠告却最不被重视。

没有受过伤的人,总爱嘲笑别人的伤疤。

被同一个人骗两次,只能怪自己。

上当一次怪骗子,上当两次怪自己。

他骗我一次,他可耻;他骗我两次,我羞死。

2. 名篇、名言

我们怀疑一切,只是不疑心人人事事都可能说谎这件事。(老舍,转引自李华木,2000:269)

3. 摘句、摘语

一张嘴,话说出去了;一动手,事儿干了。这时候没过大脑,你嘴欠、手欠,就容易出事。

沉不住气、口无遮拦,就会祸从口出。

(三) 了解不够深入

1. 成语、习语

不可名状	不可言状	不可言宣
生吞活剥	照本宣科	拾人涕唾
拾人牙慧	无言以对	哑口无言
闻所未闻	望洋兴叹	

烫过一次嘴,喝汤总是吹。

愚者心坦荡,挂在嘴巴上。

远来和尚好念经。

2. 名篇、名言

没有调查,就没有发言权。 (毛泽东《反对本本主义》)

我们把世界看错了,反说它欺骗我们。 ([印度]泰戈

尔《飞鸟集》①)

3. 摘句、摘语

如果你不内行，或者只不过半内行，最好少说话，因为很可能你一说话就显示了你的黔驴之技。

（四）态度不够正确

1. 成语、习语

姑妄听之	人云亦云	一面之词
优柔寡断	犹豫不决	将信将疑
随风转舵	见风使舵	随声附和
捕风捉影		

骂人不打草稿。

听了风就是雨。

光听一面之词，什么也没听到。

2. 摘句、摘语

说话直，就说明根本没有站在对方的立场上考虑问题。

说得无事不晓，唯独不了解自己。

（五）跟进不够认真

成语、习语

不知所云　　　吠形吠声

---

① 搜狗（http://sa.sogou.com/sgsearch/sgs_ tc_ news.php?req=2nHlDpVKpyBz7NTDuvZTSYMBIuPC7XGYeNDGhcncr0o=&user_ type=wap-page）．2020-7-7.

（六）关于"职场"

摘句、摘语
职场就是一个鱼龙混杂的小社会，如果缺乏危机感，对别人不加防范，很可能一句话就会让你身败名裂，说不定就得卷铺盖走人。

（七）关于"家庭"

成语、习语
不听爱妻言，吃亏在眼前。
不听老人言，吃亏在眼前。
妻子忠告虽言轻，拒不听取祸临门。

三、对"准备了解"的客观表述

（一）辨别对象

1. 成语、习语
人可思其不敢言者。
沉默不语者最需提防。
沉默寡言者犹如静水，深沉而危险。
狐狸表白自己吃素，母鸡应该提高警惕。
狐狸来说教，当心鹅被盗。

2. 名篇、名言
逢人且说三分话，未可全抛一片心。（［明］冯梦龙，转引自李华木，2000：6）

知人知面不知心,未可全抛一片心。 （[明]《增广贤文》）

没有弄清对方的底细,决不能掏出你的心来。 （[法国]巴尔扎克,转引自李华木,2000:9）

3. 摘句、摘语

切勿轻信敌人。　　　　不可轻信吹捧你的人。

口蜜腹剑者不乏其人,口是心非者大有人在。

许多人并不真正需要别人的建议,他们需要的是友善、有同情心的听众,以排解内心的苦闷,这也常常是那些愤怒的顾客、不满意的员工、受了伤害的朋友所需要的。

永远不需要向别人解释你自己,因为喜欢你的人不需要你的解释,不喜欢你的人不会相信你的解释。

当你想要批评别人的时候,请记住:这世上并不是所有人都有你拥有的优越条件。

（二）全面了解

1. 成语、习语

听话听音,刨树刨根。　　　　看人看心,听话听音。
说话听声,锣鼓听音。　　　　眼观六路,耳听八方。
眼见的不能全信,耳闻的也不能半信。
言己所欲者,必闻己所不欲。

2. 名篇、名言

兼听则明,偏听则暗。 （[北宋]司马光《资治通鉴·贞观二年》）

观天下书未遍,不得妄下雌黄。 （[南北朝]颜之推《颜氏家训·勉学》）

对人说话时,若想了解对方真正的感受,便看着他的面

孔，因为控制言语容易、控制表情困难。（［英国］查斯特菲尔德，转引自卡耐基，1987：101）

今天的捧场就是明天的诽谤。（［法国］罗曼·罗兰，转引自李华木，2000：10）

3. 摘句、摘语

人言无据，切勿轻信。

不打听就听不到假话。

切勿轻信漂亮话。

（三）抓住关键

1. 成语、习语

人受到警告，等于被拯救了一半。

2. 名篇、名言

学然后知不足，教然后知困。（［西汉］《礼记·学记》）

3. 摘句、摘语

三思而后言。　　熟思而后言。

说话可以练习，而且效果会越来越好。它不像整形那样要花钱受苦，也不像节食减肥那样担心会胖回来。

（四）关于职场

摘句、摘语

有时候出了小问题，领导问你原因时你头脑一片空白、嘴巴跟不上。其实不要紧，等事后想清楚了再汇报，或者写成文字。

（五）关于家庭

名篇、名言

家务事曲折最多，单凭一面之词难以窥见真相。　（傅雷，转引自傅敏，2004：265）

第三章　方式方法

【本章导语】

大千世界，芸芸众生，与人说话沟通的方式方法多种多样，有的比较妥帖，有的不够妥帖。那么，你会采用什么样的方式方法呢？

一、"方式方法"比较妥帖

【经典故事】

孟子循循善诱

孟子来见齐宣王，谈话间便提出了一个问题："假如您有一位大臣到楚国去了，把妻室儿女托付给朋友照顾；等他回来时，他的妻子儿女却在挨饿受冻。对这样的朋友，该怎么办呢？"齐宣王答道："那就与他绝交吧！"孟子又问："若是一位身任士师的长官，不能好好地管理他的部下，那该怎么办呢？"齐宣王答道："那就把他撤职了吧！"孟子再问："那么，假若是一位国君，不能好好地治理国家，那又

说话的艺术

> 该怎么办呢?"这一问,问得齐宣王不知怎么回答,只好左右看看,支支吾吾,闲扯些其他事来应付。

> **【简要述评】**
> 孟子批评齐宣王没治理好国家,言语技巧之高超就在于他不是直接提出第三个问题,而是先设两问,以前两问作为铺垫,诱导齐宣王作出肯定的回答,可谓是循循善诱的高手。

(一) 简洁与理性

1. 简洁

(1) 成语、习语

开门见山　　　长话短说　　　就事论事
直截了当　　　直抒胸臆
打开天窗说亮话。　　　有话则长,无话则短。

(2) 摘句、摘语

说话时不能拖泥带水。

听演讲、报告或开会、采访别人时,要认真做好笔记,最好是事前根据重要程度列出问题清单。提问时,自我介绍加提问题合起来务必控制在10秒钟左右。

电视广告是长话短说最好的教材。

更好的投诉方式是直接问对方:"你们的标准是什么?"然后再拿对方的行业标准或通行标准来进行申诉,争取权益。

开口向他人求助时,一定要把你的诉求讲具体,还要给对方留有回旋的余地。

第三章　方式方法

一句话说服对方，无非是以下 7 项基本要素在"倾听+询问"的基础上的有效组合：

①请求：要简单明了，而且要站在对方的立场上讲话，时间、地点、内容、原因都要一一说明。②拒绝：不含糊，不道歉，说明理由，提出替代方案。③批评：对事实进行确认和处理，然后就事论事加以提醒。④道歉：真诚忏悔，主动补救。⑤传达积极信息：传达具体事实，多赞美、感谢，不说"对不起"。⑥表达消极信息：要注意从能够获得赞同和共鸣的地方开始。⑦表现自我：要站在对方的立场上接受事实。

2．理性

（1）成语、习语

讨价还价

吵架时要让和解之门敞开。

出言慎重胜过口若悬河。

讨价还价如小人，慷慨付钱如君子。

议价时斤斤计较，付账时爽快利落。

（2）摘句、摘语

说客观事实而不做主观评价，是人际沟通中十分重要的技巧。比如：小王迟到 10 分钟，如果你说他"你怎么老是迟到？"，这就叫"做主观评价"；而如果你问他"你今天迟到了，是怎么啦？"，这就叫"说客观事实"。

和任何人说话，我们都要更多地注重事实、讲究客观理性，而不要轻率地下结论、做评判，导致主观臆断。

你必须拒绝给喝醉了的人再倒酒，即使他怪罪于你，也比让他喝得酩酊大醉甚至带来生命危险要好，同时也可免去大家的担心、责任与隐忧。

气头上的人都是非理性的，我们要学会先吐掉气，并用理性的话语来处理情绪、保持冷静；尤其是情绪爆发的那 12 秒钟，一定要把感性的东西和负面的情绪管控起来。

愤怒时数到"10"再说话，大怒时数到"100"方开言。

愤怒意味着无知。我们可以通过意志力控制愤怒，还可以主动释放愤怒情绪，同时还应该尽量避免接触使自己发怒的环境等，减少、减轻、减退愤怒情绪。

管住自己的舌头。破坏性的语言往往会产生破坏性的结果，从我们口中说出的消极性的话语，往往只会使问题变得更加复杂，并给周围的人造成更多的伤害。

面对别人挖坑式的提问、忽悠或者陷阱时，你既要学会防御也要学会进攻。千万注意要做到没有胁迫、没有高压，不将意见强加在别人身上，用的是轻松、平静、友善、赞赏、同情、温和的方法，而这些方法能助你成功。

我们在向别人传达不好的消息时，应该注意保持客观、中立的姿态，既不过分热情又不过分冷漠；做到既准确忠实地传递消息，又不会过分刺激到对方的情绪。

（二）辩论与演讲

1. 辩论

（1）成语、习语

大辩若讷　　　　雄辩滔滔

（2）摘句、摘语

辩论时，要注意我们的态度。不要把平心静气的讨论变成怒目相向，或因为意见不同而使好朋友变成仇敌。

辩论中，不要以为压倒了对手就取得了胜利，关键是要赢得评判者的认同。

从争论中获胜的唯一秘诀就是避免争论。避免争论，就像避开毒蛇和地震一样重要。

如果你确实想争论某些事、左右人们的观点、树立自己的权威,那么幽默风趣的方式是你的首选。

归谬法,是论辩中驳斥对方谬误最有力的武器。

论辩,是我们发现真理的一个重要途径。在真理面前是人人平等的,所以在论辩中也要坚持平等的原则,永远不要颐指气使、高人一等,或者强词夺理、攻击对方。

绵里藏针是论辩中一种较为常用的方法。

装聋作哑有时是辩论场上、谈判桌上的一种特殊的对策,往往能够以柔克刚,取得胜利。

辩论可分为应用型和教学型两类。应用型辩论可分为电视辩论、法庭辩论、会议辩论和非正式辩论。教学型辩论培养反应果断的能力、批判性倾听和思维能力、熟练写作和动人演讲的能力以及勇气和信心,将为调查和深入细致地分析当代重大问题做准备、为有效参与社会生活和走上领导岗位做准备。

当我们试图指出人们的错误时,请记住古老的"苏格拉底辩论法",首先要问一个和气的问题,使自己能够得到对方肯定的回答。

2. 演讲

(1) 成语、习语

滔滔不绝　　　　洋洋洒洒　　　　纵横捭阖

(2) 名篇、名言

演讲,应该有诗一样的激情。　(李燕杰①)

你要假设听众都欠你的钱,正要求你多宽限几天;你是神

---

① 道客巴巴(http://www.doc88.com/p-65829004940113.html). 2020-7-7.

说话的艺术

气的债主,根本不用怕他们。 ([美国]卡耐基[①])

(3) 摘句、摘语

演讲的内容,很多时候离不开过去、现在和未来。

成功的即兴演讲在于:快、深、新、精、静、准和情。

大声进行演练,可以消除你的口头禅。

可以用录音、录像的方式来检查自己的"口头禅"。训练讲话笨拙的人时,也可以把他说的话录下来让他听,虽然有点粗暴但效果很好。

口述自己的演讲稿,是一项极好的训练和准备方法。

上台前先大声练习、大声朗读,是克服紧张的唯一办法。

练习演讲时,最好进行录像,便于自己观看、揣摩和提高。

你应该首先了解听众的构成,但你也可以权当听众不存在。

如果你想训练孩子或自己演讲,你可以安排人坐到远远的角落里听,但听的人不能离开演讲人的视线,否则效果就差了。

无论你是想成为像萧伯纳那样出色的演讲家,还是只想在人们面前从容不迫地讲话,你都应该抓住每一个可以练习说话的机会,尽量让自己"出丑"。

演讲时要注意打开自己,热爱"丢脸",不断开口才能脱口而出。

演讲时,一定要大方坦然,效果才不会差;万事别紧张,没人会在意你紧张不紧张。

[①] 搜狐(https://www.sohu.com/a/405339320_120730971). 2020 - 7 - 7.

第三章　方式方法

你害怕当众说话、不想与人交流并不是特例,许多职业演说家一辈子都没有完全克服登台的恐惧感。

要对你演讲的内容充满激情。

在演讲时,如果你能够对同一个故事贴上不同的类别标签,你就可以应付很多个演讲主题而不会怯场。当然,除了故事本身之外,你更要注意突出演讲的主题。

演讲,其中一种是慢条斯理型,这种人很会讲故事,善于对听众传递情绪;另一种就是简洁快速型,在传播信息、明确任务的时候特别有效率。

演讲的关键是要先获得听众的心理认可,不在于急着煽情或者下结论。

演讲时,我们要做到目的明确、说清问题,不背演讲词、不过于做作,同时重视听众。

(三) 引导与教学

1. 引导

(1) 成语、习语

顺水推舟　　　激将法

(2) 名篇、名言

防民之口,甚于防川。是故为川者决之使导,为民者宣之使言。([战国] 左丘明《国语·周语上》)

势服人、心不然,理服人、方无言。(《[清] 弟子规》[①])

我们没有资格去说服任何人,也很少有人真正愿意接受我

[①] 本书中《弟子规》引句均出自《传统国学典藏》编委会编著:《三字经·百家姓·千字文·弟子规》,中国画报出版社,2011年版。

说话的艺术

们的说服。我们只能说"我做了,你可以参考一下"。(曾仕强,2014:235)

(3) 摘句、摘语

交谈中,要善于设问。设问,是交谈成功的敲门砖。

用设问的方法不只会让命令变得好听,还常常能激发对方的创造力。如果人们能参与决策,那么他们会更愿意接受并执行命令。

比批评更有效的方法是引导、开导、疏导。

说服偏重改变,不是说教、不是洗脑,不是靠机械的暴力灌输,而是以劝导的方式让对方自行生长出我们所要的论点。

2. 教学

(1) 成语、习语

边教边学	耳提面命	言传身教
教学相长	举例发凡	举一反三
旁征博引	引经据典	旁敲侧击
穷理析义	释疑解惑	娓娓道来
娓娓动听	循循善诱	现身说法
因势利导	引而不发	诲人不倦
指点迷津	质疑问难	因材施教

言教不如身教。

睡如弓,立如松,行如风,声如钟。

(2) 名篇、名言

善相劝、德皆建,过不规、道两亏。([清]《弟子规》)

教师之为教,不在全盘授予,而在相机诱导。必令学生运其才智,勤其练习,领悟之源广开,纯熟之功弥深,乃为善教

者也。 （叶圣陶①）

你无法教给别人任何事，你只能帮助他从他的心中去发现。 （［意大利］伽利略，转引自卡耐基，2011b：101）

即使你用最温和的语气，要改变别人的意志也是困难的。（［美国］卡耐基，2011b：100）

发掘女性潜力，以赞扬教育法为最佳方案，但不能一味地赞扬，也有必须训斥的时候。 （［日本］樱井秀勋②）

（3）摘句、摘语

教导别人时，应事先准备一份简短的建议，并明确告诉对方离成功还有多远，或者成功后有什么好处。

要学会带着故事讲道理，这样才符合人类的视听规律。

朗读对人类学习有莫大的好处。

反问，是学习的双脚，没有它，任何知识将与你无缘。

（四）表达与传达

1. 表达

（1）成语、习语

大声疾呼	接茬儿	借题发挥
反话正说	明话暗说	正话反说
巧借话题	借古讽今	声东击西
抑扬顿挫	幽默诙谐	

按我说的做，别按我做的做。　　　　闻名不如见面。

---

① 百度文库（https://wenku.baidu.com/view/f5a097c411a6f524ccbff121dd36a32d7275c776.html）．2020－7－7．

② 百度文库（https://wenku.baidu.com/view/027f5e003a3567ec102de2bd960590c69ec3d8c3.html）．2020－7－7．

说话的艺术

闻名不如见人,见面胜过见人。

(2)名篇、名言

幽默是交际的润滑剂。([美国]马登,等,2013:44)

人类文明的程度不是和他们愿意相信的程度成正比,而是和他们随时提出疑问的精神成正比。([美国]孟肯[①])

(3)摘句、摘语

爱,就要大声说出来;爱,就要大声夸出来。

把丑话说在前面,免得以后大家面子上不好看。

很多性格内向的人,往往选择通过读书去与人交流、与自己和解,而不是在现实生活之中、在大庭广众之下去和人沟通。对于这类人,最好的沟通方式可能就是私下里单独和他进行沟通。

交谈中,不应喋喋不休、逢人便诉苦,也不应无事不晓,更不能一言不发。

你可以把你的想法戏剧化地、表演般地、活生生地、更逼真地表达出来,不管是在商界还是在你生活中的其他领域。

说话要有画面感,用语言激活对方的想象力,给他一种视觉化、形象化、具体化的印象。你问得越具体,回答的人就越省力,他就越有力气和你聊下去。

人类需要各种精神食粮,而这些精神食粮只有在同各种各样的人相处交往时才能得到。一方面是人和人之间多种形式、多个场合的现实交往,另一方面是通过读书来和作者进行神交。

说话要疾得流利,徐得有力。

---

① 个人图书馆(http://www.360doc.com/content/19/0805/14/5874842_853116272.shtml).2020-7-7.

第三章　方式方法

说话时你每讲几句就稍微停顿一下，如果听的人追问你"然后呢？"那就说明你成功了。反过来，如果别人说话时，你也追问人家的下文，对方就会大受鼓舞，继续往下说。

请人帮你的忙时，不要搞成像是专门去求对方，要先想清楚，如何尽量变成是邀他一起做一件对双方都有好处的事。

聊天时最没有压力的话题就是一些一问一答的东西。

2．传达
成语、习语

奔走相告　　　　家喻户晓　　　　声罪致讨

（五）安慰与夸奖

1．安慰
摘句、摘语

安慰他人时，要真诚地站在对方的角度设身处地，不要主观臆断，不要让人觉得是"站着说话不腰疼"，甚至是在说风凉话。

和身体不好需要别人照顾一样，一个人情绪不好时也需要他人体谅，最好是好言安慰与开导。

误会不能用争论来解决，需要用灵活的外交手腕、抚慰和同情来改变他人的观点。

2．夸奖
（1）成语、习语

善颂善祷　　　　先抑后扬　　　　寓贬于褒
赞不绝口　　　　隐恶扬善　　　　口角春风
拍手称快　　　　善善从长　　　　叹为观止
点头称是　　　　喝彩

说话的艺术

（2）名篇、名言

再没有什么能比赞同和称赞人们的喜爱更能获得人心了，不过，要留意着用比较的方式来表达。（［英国］牛顿，转引自卡耐基，1987：106）

人们赞美理智、美丽和勇敢，增加了它们，完善了它们，使它们做出了较它们原先凭自身所能做的贡献更大的贡献。（［法国］拉罗什富科①）

应在背地里告诫你的朋友，而在公开场合赞扬他。（［意大利］贺拉斯，转引自李华木，2000：4）

如果你歌颂美，即使你是在沙漠的中心，也会有听众。（［黎巴嫩］纪伯伦，转引自李华木，2000：264）

称赞不但对人的感情，而且对人的理智也起着很大的作用。（［俄国］列夫·托尔斯泰②）

我赞美敌人，敌人于是成为朋友；我鼓励朋友，朋友于是成为手足。（［美国］奥格·曼狄诺③）

我从不议论别人的毛病，我只谈我所发现的每个人的优点。（［美国］富兰克林，转引自卡耐基，2011b：11）

我能为一句赞美之词而不吃东西。（［美国］马克·吐温④）

千万别先给人一番赞美，再立刻给他一顿批评。（［美

---

① 中小学试题库（https：//www.gxfz.org/1035597.html）．2020－7－7.
② 语录大全（https：//www.yuludaquan.net/yldq/K140tnzauM.html）．2020－7－7.
③ 名言通（https：//www.mingyantong.com/ju/1798225）．2020－7－7.
④ 百度文库（https：//wenku.baidu.com/view/ccd91d93cc7931b764ce1527.html）．2020－7－7.

第三章　方式方法

国］马克·吐温①)

赞扬，像黄金钻石，只因稀少而有价值。（［美国］塞缪尔·约翰逊②）

给予赞美是人之常情。在你每天的人生旅途中，试着让心中感激的星星之火，给别人留下一点美好印象，你会惊奇地发现这些友谊的火种正冉冉升起，成为你日后旅程中的灯塔。（［美国］卡耐基，2011b：24）

假使有的人因为极度缺乏被人重视的感觉而发疯的话，那么想象一下，当我们真诚地赞美他人时会创造怎样的奇迹。（［美国］卡耐基，2011b：19）

慷慨地给予人们一些鼓励，让事情看上去很容易做，使他知道你对他的能力有信心，那么他为了战胜困难就会彻夜练习，直到黎明的阳光照进窗户。（［美国］卡耐基，2011b：191）

我们都希望得到别人的赏识和看重，并几乎愿意尽一切的努力来得到，但没有人会喜欢违心之论和阿谀奉承之词。（［美国］卡耐基③）

要改变人而不冒犯或引起反感，那么，请称赞他们最微小的进步，并称赞每个进步。（［美国］卡耐基④）

时时用使人悦服的方法赞美人，是博得人们好感的好方

---

① 可可诗词（https://www.kekeshici.com/mingyanmingju/waiguo/12646.html）．2020－7－7．

② 百度文库（https://wenku.baidu.com/view/be7274a982c4bb4cf7ec4afe04a1b0717ed5b326.html）．2020－7－7．

③ 个人图书馆（http://www.360doc.com/content/09/0817/02/111790_4974358.shtml）．2020－7－7．

④ 百知鸟（http://www.baizhiniao.com/10/1889.html）．2020－7－7．

法。记住,人们所喜欢别人加以赞美的事,便是他们自己觉得没有把握的事。 ([美国]卡耐基①)

(3) 摘句、摘语

变批评为夸奖的9种方法:先夸后批,以夸代批,变批为夸,明夸暗批,先批后夸,幽默代批,期望代批,贬己代批,你夸他、他自批。

当受到表扬或赞美的时候,如果你感到不好意思,你可以想办法把表扬或赞美的对象"嫁接"到别人的身上。

借用第三方的口吻,赞美他人。

他人的优点和长处,因你的赞美显得更加有光彩,他本人也会因你的称赞而更加自信、更加奋发。他人也会因你的赞美而更加乐于关心和帮助你,从而创造出一个和谐、快乐、良性互动的人际关系环境。

一个人的优点是被别人夸出来的。

一个人在听到对本人优点的赞扬后,再接受批评通常会更容易一些。

以表扬和真诚的赞赏开始谈话。

赞赏别人的人,能获得财富和成功。

赞扬就像阳光温暖着人们的心灵,没有它我们就不能茁壮成长。然而不知何故,我们大多数人只准备给他人批评的寒风,我们总是不愿意给我们的伙伴以阳光般温暖的赞扬。

真诚的赞赏能取得批评和奚落难以达到的效果。

每个人的内心都深藏着做个重要人物、被人赏识的渴望。所以,能否获得赞美、获得多少赞美,便成了衡量一个人社会价值的标尺。每个人都希望在别人的赞美中得到对自我价值的

---

① 搜狐(https://www.sohu.com/a/276636645_ 470065). 2020 - 7 - 7.

肯定，从而实现人性中的渴望。因此，如何在社交中适当地赞美别人，就成了一个人社交成功与否的关键。

没有什么比承认事实更值得赞美的了。

每个人都喜欢被称赞，只有当赞扬的内容详细而明确时，才是发自真心的赞赏，而不是仅仅为了取悦对方才说的话。

每个人都喜欢亲近那些夸奖他的人。

赞美是人际关系中至高无上的润滑剂，于人有利、于己无损，而且赞美的言辞又是免费的，我们何乐而不为呢？

赞美是一种生活态度。

赞美是最好的开场白。

我们都渴望赞赏和认可，并会竭尽全力来得到它。但是，没有人想要伪善的表扬和奉承，以及笼统的敷衍与应付了事。

要衷心地嘉许、慷慨地赞扬，给予对方真诚的赞美。人们会把你的话像宝贝一样珍藏在心中，也许你已经不再记得，但是他们会回味一生。

你明天遇到的人中，可能有四分之三都渴望同情，对他们慷慨地给予同情与赞美，他们就会喜欢你。

人不夸我，我夸人；人贬我，我照样夸人。

（六）倾听与感悟

1. 倾听

（1）成语、习语

洗耳恭听

仔细看，留心听。

（2）名篇、名言

当你表现出为他人着想、把他的事情当作你自己的事情看待时，就能赢得他的合作。谈话一开始，你就向他人表明自己的目的和方向,注意自己的言行,在你倾听的时候要抓住他的重点,积极地接受他的意见,这样对方也会对你的意见敞开胸怀。([美国]卡耐基,2011b:140)

即使是最爱挑剔的人、最激烈的批评者,也往往会在一个有耐心和同情心的倾听者面前软化下来。这位倾听者必须在寻衅者像条大毒蛇一样张开嘴巴时保持安静。([美国]卡耐基,2011b:71)

首先要细心倾听他人的意见。([日本]松下幸之助,转引自《公司的力量》节目组,2010:180)

(3) 摘句、摘语

成功的生意没有什么神秘的诀窍,专心静听对方的话是最重要的,没有什么奉承话能比这个更重要。

用10秒钟的时间讲,用10分钟的时间听。

用80%的时间去倾听,再用20%的时间去说话。

最好的倾听方式,是站在对方的立场去听、去反映、去认识、去理解、去记忆,同时注意对方的神态、表情等,使对方受到尊敬和鼓励,愿意讲真话、说实话,并发展彼此友好的关系。

倾听,是我们对他人一种尊敬和恭维的表示。

如果你要成为一个良好的沟通者,你要先成为认真的聆听者。

对付抱怨者的妙招就是:怀着开阔的心胸耐心地倾听,而且用最诚恳的态度鼓励对方知无不言、言无不尽。

最有价值的人,就是那个善于倾听别人说话、并且把话放在自己心里的人。

所谓会说话,就是会倾听。

2. 感悟

（1）名篇、名言

阅读所有的优秀名著，就像与过去时代那些最高尚的人物进行交谈，而且是一种经过精心准备的谈话。这些伟人在谈话中向我们展示的不是别的，那都是他们思想中的精华。（［法国］笛卡儿①）

"讽刺"和"怜悯"是一对美好的助言者。前者站在微笑中，使人生变得活泼可爱，后者站在含泪中，使人生变得神圣万分。（［法国］法朗士《书简》②）

（2）摘句、摘语

沟通，不仅能解决我们与别人之间的摩擦，还能解决我们与自己的摩擦。

不要说你想有钱，首先要问你自己哪里值钱。

（七）配合与换位

1. 配合

成语、习语

唱双簧　　　　　　演双簧

2. 换位

（1）名篇、名言

动之以情，晓之以理，诱之以利。（高阳《胡雪岩全

---

① http://yehuawenhua.cn/juzi/30284.html. 2020-7-7.

② 品诗文网（https://www.pinshiwen.com/zhiyan/gyjj/2019062912
7487.html）. 2020-7-7.

说话的艺术

传·平步青云》①)

看问题不光从自己的角度，也要从对方的立场出发。（［美国］亨利·福特，转引自卡耐基，2011a：33）

想钓到鱼，就要问问鱼想吃什么。（［美国］卡耐基，2011a：135）

世上唯一能够影响他人的方法就是谈论他们的需要，并且告诉他们如何达到目的。（［美国］卡耐基，2011b：26）

逐渐养成根据他人的观点去思考、从他们的角度看问题的习惯，它将成为你事业的基石，助你成功。从他人的观点看问题并激发他人的渴望，这不能看作是损人利己、操纵别人，因为从交流中双方都能获益。（［美国］卡耐基，2011b：36）

打动人心的最高明的办法，就是跟他谈论他最珍贵的事物。（［美国］卡耐基，转引自李华木，2000：2）

深入人们内心的最佳途径，就是谈论他最感兴趣的事物。（美国，卡耐基，2011b：76）

不要谴责别人，让我们试着去理解他们，找找他们那么做的原因，这比批评更有好处、更有效，同时也激发了我们同情、忍耐和善良的美德。（［美国］卡耐基，2011b：14）

我们要记住：对方可能彻彻底底地错了，但是他们不会承认。不要指责他们，只有傻瓜才会那样做。去试着了解对方，只有聪明、宽容、不凡的人，才会去了解对方。（［美国］卡耐基，2011b：139）

---

① 百度百科（https：//baike.baidu.com/item/%E5%8A%A8%E4%B9%8B%E4%BB%A5%E6%83%85%EF%BC%8C%E6%99%93%E4%B9%8B%E4%BB%A5%E7%90%86/4849919?fr=aladdin）．2020－7－7．

第三章 方式方法

（2）摘句、摘语

要抓住他人的心，最好的办法就是谈论对方感兴趣的东西。

要使别人对你感兴趣，先要对别人感兴趣，问别人喜欢回答的问题，鼓励他们谈谈他们自己的成就。

要想别人喜欢你、说你的好话，就得先使自己让人家喜欢，自己先要说人家的好话。

接着人家的话题往下聊，比较容易提升别人对你的好感。

如果某个话题卡住了、谈不下去了，就赶紧换另外一个话题。

如果要赢得人们对你见解的认同，先要让他相信你是他忠实的朋友，那就会像有一滴蜂蜜抓住了他的心一样。

不管在商界、家庭、学校还是政坛，对于那些想成为说客的人来说，最好的建议就是：首先激发出别人的渴望。能做到这一点的人拥有整个世界，做不到的人孤独一生。

跟别人相处时，我们要记住：和我们交往的是充满情感的人物，很可能是充满偏见的、骄傲而虚荣的人物，而不一定是逻辑和理性意义上的人物，所以我们要特别注重让人家高兴。

跟人谈话时，不要一开始就讨论你们意见相左的地方，不妨先强调、并不停地强调那些意见相同的地方。如果可能的话，你更应该着重指出，你们追求的是同一个目标，不同的只是方法而已。

如果有人找你借钱，你可以这样回答他："我也遇到了同样的问题，真不好意思，暂时没有办法帮到你。"

找人借钱、求人帮忙办事，应该把理由、原委等细节都跟对方讲清楚，这才算是尽到了求人的义务。

要想说服对方购买你的产品，首先要承认对方的感受是对的,甚至可以承认你推荐的产品存在缺陷;其次,说你也有过同样的感受;最后才谈你发现的新感受,告诉他买了不会后悔的理由。

要想说通年纪大、地位高的人,一定要站在他们的角度去思考问题,找到他们能听进去的理由,找到他们感同身受的痛点,然后抛出你的一套比较完整的解决方案。

要想阻止人干蠢事,关键是要把后果跟他先讲清楚、讲明白。

对于那些不太求上进的人,鼓励他的关键是要让他减少对失败的恐惧,分析各种成功的可能性;同时,目的性不要太强,不要下指令而是给他营造愿景、激发他上进的欲望。

喜欢拖延的人往往追求完美、害怕失败。因此,催促拖延的人,要以诚相待、注意技巧,体谅他们的辛苦,为他们准备更好的解决方案。

永远让他人乐意去做你所建议的事,并让他获得荣誉感和参与感。

争辩没有一点意义,要从对方的角度去考虑,并且设法让别人回答"是,是",这样才会带来更多的收益,也更有乐趣。

(八) 批评与告诫

1. 批评

(1) 成语、习语

寓褒于贬

批评要适可而止。　　　小骂大帮忙。

先表扬,再批评。　　　当众表扬,私下批评。

第三章 方式方法

（2）名篇、名言

有一种申斥，即所谓猛烈抨击，是最富有表达力的修辞手段。（［德国］恩格斯①）

当我们听到别人对我们的某些长处表示赞赏之后，再听到他的批评，心里往往会好受得多。（［美国］卡耐基，转引自李华木，2000：19）

你可以用神态、声调或是手势告诉一个人他错了，就像我们用语言一样有效。而如果你用语言告诉他错了，你以为他会赞同你？永远不会！因为你直接抨击了他的智力、判断、骄傲和自尊，这只会让他向你还击，而不会令他改变任何想法。（［美国］卡耐基，2011b：100）

（3）摘句、摘语

很多人先是赞扬，而后以"但是"开始展开批评，敏感的人对于直接尖锐的批评十分憎恶；这时，委婉地提出他的错误不会招来反感。如果我们将"但是"改为"而且"，情况就会大为改观。由于"而且"暗指不足，对方接受表扬后，注意力也会放在我们期望的方面，从而达到我们的期望。

可以把批评改为先夸奖一番、再提出希望。

批评别人时，一般不要当众批评，最好是私下和他交谈，委婉地、幽默地表达自己的想法，和他摆事实、讲道理，分析利弊，对方才会心悦诚服，收到良好的效果。

2. 告诫

（1）成语、习语

当头棒喝　　恩威并施

---

① 百度文库（https://wenku.baidu.com/view/dbc3992c4b35eefdc8d3331e.html）．2020－7－7

不会咬人，切莫龇牙。
告之以利，示之以害。
(2) 摘句、摘语
用不良后果警告当事人，可以帮助被批评者自我反省、改正错误。
不要以自我为中心，一天到晚抱怨这个世界没有好好地使自己开心，要多做让别人高兴的事情、多说让别人开心的话。

（九）践行与态度

1. 践行

(1) 成语、习语
耳濡目染
(2) 名篇、名言
博学之，审问之，慎思之，明辨之，笃行之。（［西汉］《礼记·中庸》）
不闻不若闻之，闻之不若见之，见之不若知之，知之不若行之，学至于行之而止矣。（［战国］《荀子·儒效》）
熟读唐诗三百首，不会吟诗也会吟。（［清］蘅塘退士[①]）
(3) 摘句、摘语
不要为自己浪费了的时间去寻找借口，而是要立即付诸行动。
每天练习说100遍"引"字、"爱"字或"茄子"，你就会微笑着说话，甚至能治好口吃。
把你的忧虑、焦虑说出来，并用劳动、工作和学习来消灭

---

① 知乎（https://www.zhihu.com/question/38100912）. 2020-7-7.

忧虑，消除抑郁症。

通过听从、服从学会指挥。

2．态度

（1）成语、习语

好好说话	好言相劝	婉言相劝
婉言相拒	和风细雨	苦口婆心
和颜悦色	和声细气	轻言细语
软磨硬泡	软硬兼施	口诵心惟
寓庄于谐	针锋相对	自嘲自讽
正颜厉色	不苟言笑	

好故事百听不厌。　　好话人人爱听。

好话可以释怒。　　软语可以释怒。

止谤莫如修身。

与其责骂罪恶，不如伸张正义。

与其诅咒黑暗，不如点上一支蜡烛。

与其长久不履行许诺，不如马上拒绝。

宁可拒绝、不可失信。

（2）名篇、名言

君子崇人之德、扬人之美，非谄谀也；正义直指、举人之过，非毁疵也；言己之光美，拟于舜禹，参于天地，非夸诞也；与时屈伸，柔从若蒲苇，非慑怯也；刚强猛毅，靡所不信，非骄暴也。　（［战国］《荀子·不苟》）

凡道字、重且舒，勿急疾、勿模糊。　（［清］《弟子规》）

我曾试图用物质上的东西去结朋交友，可到头来结交的尽是些恶人。当我用精神上的赠品、友善的争辩和沸水一般炽热的思想与人相处时，我终于为自己赢得了知音。　（［英国］

威·布莱克,转引自李华木,2000:12)

听进去别人数说我们的错误很难,但假如对方谦卑地自称他们也并非完美,我们就比较容易接受。（[美国]卡耐基,转引自李华木,2000:22)

人们不喜欢改变自己的决定,他们不可能在被迫和威胁下同意别人的观点,但他们愿意接受和蔼而又友善的开导。（[美国]卡耐基,转引自李华木,2000:22)

能虚心接受人家的意见,能虚心请教他人,才能集思广益。（[日本]松下幸之助,转引自李华木,2000:134)

(3) 摘句、摘语

好好说话,你的日子就会过得好。

好好说话,使双方都感觉到舒服、舒畅。实质就是你说出来的话,让所有人听了都高兴,你也高兴,这才叫好好说话。

好好说话,其实就是好好做人,好好体会人的喜怒哀乐。

好好说话,就是改变命运。

好话比尖刻的言辞管用。

用情而不矫情,能多花点心思说让人舒心的话,就是用情。

越是压力大,越要好好说话。

伊索寓言中有一个关于太阳和风的寓言：太阳和风争论谁的力量大。最后证明,太阳比风能更快地让你脱去外衣。温柔、友善的力量,永远比愤怒和暴力更强有力。

跟任何人打交道,必须首先进行面对面的交往,感觉良好了才能往下走。

推销时,在没有建立信赖感之前,不要谈你的产品;在没有塑造产品价值之前,不要谈你产品的价格。

当我们正确时,要巧妙、委婉地赢得别人的认同;而当我们错了的时候,要快速地、诚恳地承认我们的错误。运用这种方法要比为自己辩护有益得多。

我们永远不要去咒骂和报复我们的仇敌,不要把时间浪费在去想那些我们不喜欢的人和事上面,因为那样做只会深深地伤害我们自己。

确立人生的目标,说出自己的目标来让别人监督和帮助你,是人生设计的第一乐章。

永远不要用强迫的语言。

要学会用自嘲与自谦进行自我保护。

想秀优越感的时候,要注意在后面补上一个让你很糗的小插曲,以免引起别人对你的妒忌。

(十) 礼仪与细心

1. 礼仪

(1) 成语、习语

促膝谈心　　　抵掌而谈

不会骂人的人是笨蛋,而不骂人的人才是聪明人。

避而不诤,犯而不愠。

(2) 名篇、名言

语言切勿刺入骨髓,戏谑切勿中人心病。(〔清〕陆陇其,转引自李华木,2000:6)

让声音带着微笑。(〔美国〕马登,等,2013:92)

仁厚、友善的方式比任何暴力方式更容易让别人改变心意。(〔美国〕卡耐基,2011a:63)

(3) 摘句、摘语

世间有一种成就可以使人很快完成伟业并获得世人的认可,那就是讲话时具备使人开心、令人喜悦的能力。

说话的艺术

先露出笑容,再开始说话。

无论是讲话还是唱歌,只要面带微笑,就能获得好声音。

微笑的力量是强大的。打电话时也要带着微笑,即使别人没有看见你的笑容,但你的微笑可以通过声音传递给对方。

在你开口讲话前先面带微笑,你就会充满魅力,受人欢迎;和人讲话时保持微笑,你就会放松心情,妙语连珠。

不要把善良的请求变成道德的指控,而应让对方觉得有价值、有意义而且有选择的余地,比如请人给你的年迈的母亲让座。

不要跟你的顾客、朋友、恋人或者对手争辩,不要指责他们错了来激怒他们,不妨用点外交手腕和外交辞令。

拒绝对方时要对事不对人,如果冷冰冰地说"不",会伤害对方、增加对方的不快和不满,从而使他在心里抱怨你,从而影响到你和他人的人际关系。可以先同情后拒绝,或者间接拒绝,或者从对方的立场出发、诱导对方自我否定,或者告诉对方这么做的后果,提出换一种处理方案,或者避实就虚、以笑代答,把难题留给对方。

聊天的时候注意不能涉及私生活,不要向对方索要信息、不要给对方施加压力、不炫耀自己、不具体针对,而要注意首先了解对方的态度和看法,这样才能既拉近关系又避免冒犯。

眼神所及的人,你不仅要点头示意,还要主动打招呼,甚至亲自上前问候、交谈。

以关怀代替质问,以建议代替责问,以暗示代替直言。

因为急事要打断人家说话时,一定要注意方式和礼貌。

说话千万不要高门大嗓,一定要轻言细语。你看!狮子在接近猎物时,都懂得把脚步放得极轻。

第三章　方式方法

2．细心

（1）名篇、名言

道隐于小成，言隐于荣华。（［战国］《庄子·齐物论》）

将入门、问孰存，将上堂、声必扬。人问谁、对以名，吾与我、不分明。（［清］《弟子规》）

记住人家的名字，而且很轻易地叫出来，等于给别人一个巧妙而有效的赞美。（［美国］卡耐基，转引自李华木，2000：2）

（2）摘句、摘语

记住并能说出一个人的名字，就会让对方满足他的成就感；对他来说，他的名字就是世界上最甜蜜、最重要的声音。

电话沟通时，要事先认真准备，一般要记录好谈话要点。

（十一）职场

1．**名篇、名言**

要尊重青年天性，照顾青年特点，经常到青年中去，同青年零距离接触、面对面交流，了解他们的思想动态、价值取向、行为方式、生活方式，倾听他们对社会问题和现象的看法，对党和政府工作的意见和建议。即便听到了尖锐的甚至是偏颇的批评，也要有则改之、无则加勉，成为青年愿意讲真话、交真心、诉真情的知心朋友。（习近平《在纪念五四运动100周年大会上的讲话》[①]）

恳切，简要，稳当。（［美国］罗斯福，转引自杰纳兹，

---

① 观察者（https://www.guancha.cn/politics/2019_04_30_499796_3.shtml）．2020－7－7．

等，2006：320）

一般人如果认为自己的意见比领导的好，就会直接向领导提出来。他们满以为领导会接受他们的意见，但领导往往拒绝了他们的意见，于是他们就开始抱怨这个领导过于独断、自私和蛮横。实际上，下属不太尊重领导，或者领导自己的意见被下属否定时，他一定会产生一种不满意感，觉得很没有面子，从而失去客观的立场。这样一来，他拒绝接受下属的意见也就顺理成章了。（［美国］卡耐基①）

通常你得到的东西并不是你应该得到的，而是通过谈判争取到的。（［美国］约翰·马里奥特，转引自杰纳兹，等，2006：230）

说话指导能使一个人最大限度地释放自己的潜力以达到最佳的工作状态，这是一个自我了解的过程，而非他人教导的结果。（［美国］蒂莫西·加尔伟，转引自杰纳兹，等，2006：449）

2. 摘句、摘语

领导者做指示时，一定要十分明确具体、简短有力，千万不要长篇大论，耽误大家的时间。

一个好领导应遵循这个规则：在批评他人之前，先谈谈你自己的错误或者承认你自己也犯过，或者可能会犯类似的错误。

要将感谢、感激和感恩当面告诉你的领导和同事，要把功劳和成绩归功于你的领导和同事，对他们心服口服，虚心向他们学习、请教，严格遵守有事请示、及时汇报等工作程序。

---

① 藏书网（http://www.99csw.com/book/8696/309036.htm）. 2020-7-7.

第三章 方式方法

当我们有一个绝妙的主意时,要想办法让领导去重视和挖掘这个主意,不必让领导说出来这个主意是我们的。这样他们就会把这个主意看作是他们自己的想法,他们就会喜欢它,或许会加倍努力去实现它。

在职场中,讲话的方式有时候比讲话的内容更加重要。如果想要领导同意自己的某个方案,不仅需要这个方案很出色,更加重要的是要让他在感情上接受。同样,让下属努力工作的方法不是命令他们怎么做,而是鼓励和建议他们怎么做。你的下属不会因为你的职位而尊重你,除非你也尊重他们。

别人夸你时,你要微笑着感谢他、夸他,并要适当地自谦,或者说应归功于领导、运气、自己还需要努力之类的话。

要注意你和领导说话的方式,做到语气适当、言辞简短、表达清楚、措辞委婉,保持尊重领导和自我独立之间的平衡,同时注意一些说话的禁忌。

挨了领导的批评、受了委屈,首先要等领导把火发完你再解释;其次,找一个单独的场合与领导交流;最后,要承认自己存在的问题,并澄清事实。

不要对领导说没办法,要说也只能说正在想办法。

和领导、同事有不同意见时,说服他们不等于直言相告,而要诉诸外部压力和紧迫感,让"共同的敌人"来帮助你完成说服他们的过程。

年轻员工如果要向公司表明想去某个具体岗位的意愿,一是必须具备适应那个岗位的自身优势,二是要站在公司的立场,详细说明你将如何发挥作用,以免人事部门认为你只是一厢情愿。

向领导汇报时,一定要先说结果再道原委。但如果是不好的结果或敏感的话题,最好不要单刀直入,应该先做好铺垫、

说话的艺术

制造气氛，引导对方进入你的主题，像触龙说赵太后那样。

下级应主动向上级询问自己阶段性的考核评价情况，上级也应及时对下级的工作表现进行评价与反馈，并亲自找他们谈话。

向领导提建议时，首先应该选择个别时机进行详细汇报，其次应该肯定领导的想法，表明你不是故意顶撞或冒犯，最后一定要把决策权完全交给领导，并表示坚决服从。

让他人改变观念最好的办法就是一对一地、私下沟通汇报，不知不觉地将想法移植到他的心里，使他感兴趣，让他以自己的理由去思索，并成为"他的"主意或想法。要尽力让他人感到这个想法是他自己的，这不仅适用于职场和政坛，也同样适用于家庭。

你只是提出意见、去启发别人得出结论，这可能是与他人合作更明智的办法。

在职场中，如果你直截了当地指出对方的错误，可能会引起误解。你应该用暗示法、提醒法等，或者先说出自己的错误，或者先赞扬再指正错误，最好的办法是说出正确的做法来。

不论你对你的同事多么喜欢或者多么讨厌，在跟他们交谈的时候，你都要首先尊重和体谅对方，少说、多听，适当地运用幽默，多赞美对方，巧妙地拒绝，同时注意一些忌讳。

少讲你自己的事，多听合作者的话，他们也有值得炫耀的事，他们更愿意把成就告诉你，而不是听你吹嘘。在一起聊天时，应该分享他们的快乐，只有当他们问起你的时候，你才去提到你的成绩，而且不应过分地吹嘘和炫耀，因为可能会让他们感到自卑、不安和妒忌乃至憎恨，这样你就会失去同事和朋友的友谊。

第三章　方式方法

无论是难以对付的合作对象,还是利害攸关的单位同事,只要你认真倾听对方说的话,耐心钻研恰当的沟通方式,就一定能建立双赢关系。

当你建议客户购买产品时,不能诱导或强迫对方选择。你要告诉他怎样去做选择的方法,然后让对方自己思考,甚至与家人商定后,再主动联系你拍板决定。

相对于上下级之间的关系,同事之间有的只是平等的合作。这样,你没有任何权利要求别人怎么做。所以,如果你打算请求同事配合你的工作,你就应该特别注意说话的方式了。

如果你的两个同事关系不好,而你必须和他们一起工作,你就应该保持中立,不要试图去调解、偏袒一方或与他们讲道理。如果他们不能停止争吵,你可以向你的上司汇报。

一个人在职场留下的印象,不是面试时的印象而是离开时的印象。因此在辞职时,没有必要把所有的委屈都说出来,以免被人家当成是刺头。因为,每换一份工作,都应该是一种资历与人脉的养成与积累,而不是和过去彻底决裂。

如果女性得到提拔而被人议论时,你应该告诉她并让她相信只是几个男士觉得威胁了他们的位置,所以他们要造谣。

（十二）家庭

1．亲子

（1）名篇、名言

亲有过、谏使更,怡吾色、柔吾声,谏不入、悦复谏。（[清]《弟子规》）

妈妈送了她东西,她一个字都没有,未免太不礼貌……但这事你得非常和缓地向她提出,也别露出是我信中嗔怪她,只作为你自己发觉这样不大好,不够周到,不符合做人之道……

说话的艺术

你需要掌握时机，候她心情愉快的当口委婉细致、心平气和、像对知己朋友进忠告一般地谈。（傅雷，转引自傅敏，2004：257）

父母应该扮演不同的角色，一个比较强健，另一个比较柔顺，一刚一柔，比较容易配合。（曾仕强、刘君政，2012：42）

对儿童、少年，尽量采用讨论、讲解、说明、批评的方法。（曾仕强、刘君政，2012：90）

坚持优雅、睿智和生动地聊天，比其他任何方式都更能锤炼孩子的心智和性格。（［美国］马登，等，2013：7）

（2）摘句、摘语

一个家庭的幸福，从好好说话开始。

如果你想有个幸福而快乐的家庭，千万不要喋喋不休，要用鼓励、赞美与爱的语言和行动去表达、去沟通。

想让你的儿女茁壮成长，就多好好说话。

要对孩子或者下属称赞他们每一个最细微的、具体的进步。

在沟通中，不要轻易给对方下结论、做评判，主要围绕事实来分析、讨论，先做评判可能会造成主观臆断，甚至伤害感情。比如，不能因为小孩起床迟就说他懒，而要结合他的生物钟、生活习惯、身体状况、思想认识等，好好沟通，让他自己去学会改变。

赞赏孩子的方法：用描述代替评论、评价。描述你所看见的，描述你的感受，把孩子值得赞赏的行为总结为一个词。

小孩与邻居家孩子吵架了，一是要批评自家孩子，二是要安慰邻家小孩，必要时还应给予物质上或精神上的补偿。

低声说话、私下里附耳细说，对小孩子来说比大声嚷嚷要

第三章 方式方法

好很多。

先蹲下,平视、微笑,再张嘴和孩子说话。

成功的家长每天问孩子4个问题:今天学校有什么好的事情?今天你有什么好的表现?今天你有什么好的收获?需要我们的帮助吗?

代替惩罚孩子的7个技巧:明确表达不同意的立场但不攻击孩子的人格;请孩子帮忙;表明你的期望和态度;让孩子体验错误行为带来的后果;告诉孩子怎样弥补他的失误;提供选项;采取必要的行动。

代替对孩子说"不"的方法:提示;接纳感受;描述问题;给自己时间想想;有可能的话用"是"代替"不"。

当你和孩子出现冲突时,解决问题的5个步骤是:讨论孩子的感受和需求;说出你的感受和需求;一起讨论,找到大家都同意的方法;把所有的想法都写下来、不做评论;挑出哪些建议是你们接受、不接受、或要付诸行动的。

对孩子,要首先理解、回应他们的感受,并鼓励他们说出他们的感受,不要否定他们的感受,有时可以用幻想代替逻辑解释来实现他们的愿望,比如:摘星星。

劝诫而不是威胁,说理而不是命令,告知后果而不是强迫服从,提供弥补的办法而不是简单予以否决,指明未来美好的结果而不是局限于当前的纠结中,这样就会产生十分不同的效果,它会使孩子们变得很听话。

对屡教不改的孩子,我们应该这样说:很高兴听到你说"对不起",这是第一步,下一步是你要好好想一想该怎么做。

鼓励孩子与我们合作的5个沟通技巧:描述客观事实或问题(如沙发上有块湿毛巾);提示(毛巾把沙发弄湿了);用简单的词语表达(毛巾!);说出你的感受(我不喜欢坐在湿

说话的艺术

沙发上);写便条(请把我放回原处晾干,谢谢!——毛巾)。

鼓励孩子自立的6个技巧:让孩子自己做选择;尊重孩子的努力;不问太多的问题;别急着告诉答案;鼓励孩子善用外部资源;别挫败孩子的希望。

了解孩子的感受,不是光动动嘴巴就够了,需要站在孩子的角度来体验他的感受,否则他认为你是"站着说话不腰疼"。

让孩子从之前的角色中释放出来的6个技巧:寻找机会让孩子看到一个全新的自己;创造机会让孩子另眼看待自己;让孩子无意中听到你对他的正面评价;记住孩子那些特别的时刻;当孩子又按原来的方式行事时,用温和的态度、委婉的话语、商量的口气表达你的感受和期望;父母以身作则。

如果孩子想成为什么样的人,那你就要告诉他,比如不好好吃饭、不好好学习,孩子就成不了那样的人。

如果你希望孩子喜欢学校和学校里的人和事,你就不应该问他"你喜不喜欢××?",而要问他"你最喜欢××?"

2. 家人

(1) 名篇、名言

妆罢低声问夫婿,画眉深浅入时无? ([唐]朱庆馀《近试上张水部》)

经常谈心可以滋养婚姻。 ([美国]卡耐基,2011a:329)

称赞一个人做得好的地方,然后再慢慢地帮助他,消除他的缺点。这个方法可以对妻子有效,对孩子、父母和世界上几乎任何人都有效。 ([美国]卡耐基,1987:131)

(2) 摘句、摘语

所谓恩爱,就是好好说话。

第三章　方式方法

夫妻互赞，烦心变开心。

好好说话是最难得的本领，也是一个家庭最好的风水。

家庭中好好说话，从对你的爱人说"你辛苦啦！"开始。要经常对家人说："谢谢你！""对不起！""请原谅！""我爱你！"

哪怕是夫妻之间和亲子之间，嘲笑、讽刺、挖苦、贬低和伤害对方并不能解决任何问题。只有通过礼貌、客气和富于理解的言辞，怀着同情心听别人说话，别人才可能接受你的观点，才有可能解决问题。否则，门儿都没有。

夫妻一方做得不对时，少一点抱怨、多一点理解，设身处地换位思考，就会发现事情并没有那么糟糕，夫妻之间也能更和谐。

每个家庭都应立个规矩：谁讲话讲得不得体、不得当，就罚款10元，谁讲话讲得好，就奖励10元。

把家里的一棵树变成表扬树，定个规矩，每人每天把自己发现家里其他人的优点写出来挂在树上，并在晚餐时读出来，这么坚持下去，全家的气氛就会越来越好，人人都充满了正能量。

有的小夫妻甚至为了对方挤牙膏是从上端开始还是从末端开始都可以发生争吵乃至闹离婚，这是因为他们都太过自我、缺乏包容心，较好的解决办法就是各用各的。

男人们都把唠叨、挑剔列为女性缺点的第一位。太太对丈夫唠叨，就像水珠侵蚀石头，是最高明的杀人不见血的方法。

吵架并不能解决任何问题，甚至还会将双方就事论事演变成相互指责，最终影响到问题的解决。比如，你倒车时撞到别人的车，这时如果你的配偶不是赶紧报险，而是责备你不小心、不认真、技术不好等等时，一定会演变成你们两个人之间的一场争吵，最终于事无补，反倒影响了心情、恶化了感情。

　　有人的地方就有矛盾和冲突，家庭自然也不例外。永远不要在家里使用强迫性的语言，要多用指导、鼓励代替指责和批评。

　　夫妻间、亲子间说话的语气，决定了一个家庭的温度。

　　夫妻之间吵架，应就事论事，不扯那些陈谷子烂芝麻的事，不说狠话、过头话，一方道了歉，另一方就应随即跟上、和解，绝不可离家出走，更不能动手打人。

　　让笑声和爱意充满家中的每一个角落，和你的家人一起布置你们的家，让每个人都感到家里十分舒适、轻松、整洁而有序。

　　学会聆听，才能成为更好的父母、领导和师长。

二、"方式方法"不够妥帖

【经典故事】
敌人对江姐的威逼利诱

　　每当我们听到或哼唱《红梅赞》时，总会想到革命烈士江姐——江竹筠。江姐被捕以后，无论敌人怎样毒刑拷打，始终宁死不屈。有一天，特务头子徐远举（《红岩》中徐鹏飞的原型）审问江姐，提出一连串儿的问题，江姐都置之不理。徐远举恼羞成怒，准备使用他审讯女"犯人"的绝招，把她的衣服当众全部剥掉，使她害羞之极而不得不招供。只听得徐远举朝江姐大吼一声："给我把她的衣裤全部剥下来！"话音刚落，一直缄默不语的江姐突然大喊一声："不许你们乱来！"徐远举一听乐了，以为这下把江姐

第三章　方式方法

吓唬住了，便阴阳怪气地说："你害怕了？那赶快说!"江姐怒目圆睁，指着徐远举，厉声喝道："我是连死也不怕的人，还怕你们用剥衣服的卑劣手段来侮辱我吗？不过，我要告诉你，你不要忘记，你是女人养的，你妈妈是女人，你老婆、女儿、姐妹都是女人，你用这种手段来侮辱我，遭侮辱的不是我一个人，而是世界上所有的女人，连你妈妈在内，也被你侮辱了！你不害怕对不起你妈妈、姐姐和所有的女人，那你就来脱吧!"

江姐一席话，大义凛然，势不可挡，把徐远举惊得目瞪口呆，不知所措，加之旁人的劝阻，他只好作罢。

【简要述评】

敌人的威逼利诱，可以说是无所不用其极；而江姐面对威逼利诱，正气凛然，不愧为坚贞不屈的化身。

（一）态度

1. 成语、习语

阿其所好	阿谀逢迎	阿谀奉承
大喊大叫	大惊小怪	拐弯抹角
转弯抹角	卖关子	哗众取宠
拍马屁	献殷勤	慢条斯理
期期艾艾	明知故问	评头品足
煽风点火	上蹿下跳	掩耳盗铃
讳疾忌医	声泪俱下	声嘶力竭
摇唇鼓舌	摇旗呐喊	威逼利诱

说话的艺术

息事宁人
轻易许诺、易忘许诺。　　说话无耐心,一事将无成。
只问目的,不问手段。　　打棍子,戴帽子,揪辫子。
爱在心里,狠在面皮。　　马屁拍在马腿上。
打是亲、骂是爱,不打不骂要变坏。
可能谁都说不过你,可是谁都不喜欢你。
有理三扁担,无理扁担三。

2．名篇、名言

述而不作,信而好古。（［春秋］《论语·述而》）

叛而不讨,何以示威?服而不柔,何以示怀?非威非怀,何以示德?（［战国］《左传·文公七年》）

最好给狗让条路,而不要为了争夺行路权被狗咬上一口。如果被咬伤了,即使你把这只狗打死,也不能治好你的伤口。（［美国］林肯,转引自卡耐基,2011b：57）

3．摘句、摘语

凡是决意成大事的人,不能浪费自己的时间去和别人争论。争论的结果是让人难以承担的,包括无法控制自己的脾气等。

奉承,就是用好听的话恭维人,把他们恰好说成他们自己认为的那样。

几个人以不同的角色采用"车轮战术",甚至搞逼供,软磨硬缠,从生理上、心理上寻找缺口,迫使对方让步或妥协。

什么是钻牛角尖?别人说他在吃螃蟹,你偏说他在用吃螃蟹的姿势啃馒头,这就叫钻牛角尖。永远不要去钻牛角尖!

说话时带有"啦、哪、呢、嘛、哇、吧"等语气助词,可能会给人不诚恳、不耐烦和不信任的感觉。

我们对大多数陈述的第一反应,更多的是做主观评估和判断,而不是去理解事实本身。

我们在沟通时,喜欢强行宣讲自己的结论,以为辩倒对方就可以说服别人。

一些人是在用挑剔、抱怨的方式去获得受重视的感觉。

(二) 内容

1. 成语、习语

避实论虚　　　　啼饥号寒　　　　说黑话
报喜不报忧。
话说得多也说得好,但说不到点子上。

2. 名篇、名言

以其昏昏,使人昭昭。　（[战国]《孟子·尽心下》）

一个借着引经据典来辩论的人,不是在运用自己的才智,他是在运用自己的记忆力。　（[意大利]达·芬奇①）

3. 摘句、摘语

单学沟通,你会变得像兔子一样柔弱;单学说服,你会变得像狐狸一样腹黑;单学谈判,你会变得像鳄鱼一样冷酷;单学演讲,你会变得像孔雀一样显摆;单学辩论,你会变得像刺猬一样难缠。

(三) 沟通

1. 成语、习语

刺刺不休　　　　喋喋不休　　　　啰唆
啰啰唆唆　　　　絮絮叨叨　　　　兜圈子

---

① 语录大全（http://www.cuijimixian.com/mingyandaquan/1672343.html）. 2020 - 7 - 7.

说话的艺术

叽叽咕咕	叽里咕噜	交头接耳
咬耳朵	口燥唇干	舌敝唇焦
连珠炮	滔滔不绝	千呼万唤
满堂灌	平铺直叙	直来直去
直言相告	隐晦曲折	隐约其词
三复斯言	三令五申	三推六问
自言自语	喃喃自语	

满口土话、方言。　　　　竹筒倒豆子。
打破砂锅问到底。　　　　情人吵架，越吵越亲。
越是无话可说，越是喋喋不休。

2．名篇、名言

鸡犬之声相闻，民至老死不相往来。（［春秋］老子《道德经·第八十章》）

独学而无友，则孤陋而寡闻。（［西汉］《礼记·学记》）

争吵是一种两人玩的游戏，然而它是一种奇怪的游戏，没有任何一方曾经赢过。（［美国］富兰克林，转引自卡耐基，1987：104）

许多接受过高等教育、才华横溢的年轻人，嗓音却仍然尖锐刺耳、粗鄙不堪，以致稍微敏感一些的人根本不愿和他们交谈。可见有意识地修炼我们的嗓音是多么重要。（［美国］马登，等，2013：40）

能够电话解决的不要面谈，可以站着说完的不要坐下。（［美国］比尔·盖茨[①]）

[①] 喜马拉雅（https://www.ximalaya.com/gerenchengzhang/26300969/296712415）．2020－7－7.

第三章　方式方法

在争论中是无法击败无知者的。（［美国］麦卡杜①）

3．摘句、摘语

男女授受不亲。

许多人不能给人留下好印象的原因是他们不会倾听。

别对我道歉，道歉只能换来你的心安，而非我的释然。

（四）夸奖

摘句、摘语

自夸，令人作呕。

千万不要在赞美甲的时候伤害乙，否则必有人暗暗恨你。

不善于夸奖别人，或者由于性格使然，性格耿介、以直为傲；或者是由于没有掌握夸奖的技巧。

（五）批评

1．成语、习语

念紧箍咒　　　　劈头盖脸　　　　直接指责

咒骂解决不了问题。　　诅咒捕不到鱼。

骂人就是骂自己。

2．名篇、名言

批评就像家养的鸽子，他们总会回到自己家里来。（［美国］卡耐基，2011b：7）

3．摘句、摘语

批评不能改变对方。　　　　责备不能改变对方。

我们要明白，我们纠正和指责的人很可能会为自己辩白并回敬我们同样的指责。

---

① https://www.36yi.cn/sentence/16601.html. 2020-7-7.

说话的艺术

批评是起不到什么效果的,因为它通常把对方推到了自卫和极力辩白的境地。

要想别人反感你、厌恶你,你只要轻轻吐出一句恶毒的评语就可以了。

(六) 礼仪

1. 成语、习语

插科打诨　　　　口诛笔伐　　　　调侃

揭疮疤　　　　　揭老底　　　　　开玩笑

刀子嘴　　　　　刀子嘴、豆腐心。

群起而攻之。　　　　　讥笑是弱者的武器。

讥笑,充其量不过是拙劣的武器。

嘲笑,往往是理智贫乏的表现。

2. 名篇、名言

辱骂和恐吓绝不是战斗。 (鲁迅①)

取笑,会使一个人的心干枯,伤害所有的情感。([法国]巴尔扎克《欧叶妮·葛朗台》②)

如果你辩论、反驳、激怒对方,或许有时你会得到胜利。可是那胜利是短暂、空虚的,因为你永远得不到对方的好感。([美国]富兰克林,转引自卡耐基,2011b:96)

如果你明天打算让某人怨恨你、并将这种怨气保持数十年

---

① 百度百科(https://baike.baidu.com/item/%E8%BE%B1%E9%AA%82%E5%92%8C%E6%81%90%E5%90%93%E5%86%B3%E4%B8%8D%E6%98%AF%E6%88%98%E6%96%97/1603539?fr=aladdin). 2020-7-7.

② 金句吧(https://www.jinju8.com/ju/jsjr). 2020-7-7.

直到死亡，办法很简单，只需要在批评他时尖刻一点就行了——无论我们的理由多么正当。　（[美国]卡耐基，2011b：11）

3．摘句、摘语

一言不合，挥拳相向。

一个总是张口伤人的人，心能好到哪里去？

开玩笑，不能化敌为友，反而有时会失去朋友。

如果你想要别人很快拒绝你，最好的办法就是在相互间还没有建立良好的感觉前，就冒昧地急于推销自己。

在讨论中，如果直接指出一个人的错误是没有一点好处的，反而会带来很多破坏。这样做只会成功地伤害他人的自尊，让自己成为不受欢迎的人。

（七）境况

1．成语、习语

当场发作

当面鼓、对面锣。

当面奚落人家。

2．名篇、名言

为什么一定要当面证明人家的错误呢？你这样做会让人家喜欢你吗？你为什么不给人家留一点面子呢？他并没有征求你的意见，他也不需要你的意见，那你为什么去跟他争辩呢？永远不要去钻牛角尖儿。　（[美国]卡耐基，2011b：94）

（八）关于"职场"

1．名篇、名言

没有什么比来自上级的批评更能扼杀一个人的雄心壮志。

(〔美国〕卡耐基，2011b：20)

2. 摘句、摘语

批评下属应注意：不要捕风捉影、言辞尖刻、突然袭击、姑息迁就、随便发威、吹毛求疵、随处传扬、婆婆妈妈。

如果打断顾客的话、反驳顾客、激怒顾客，那就等于是把顾客从商店里赶出去。

不要当着其他人的面纠正人家，哪怕是你的下属。

（九）关于"家庭"

1. 成语、习语

河东狮吼

争争吵吵，一晃到老。

2. 摘句、摘语

大多数人对别人能做到小心翼翼、生怕说错一个字，但是面对自己的妻子或丈夫的时候，却大吼大叫，像一个暴君一样。

为了博取同情和注意，人们，尤其是小孩，有时候会用"我生病了！"等方式来获得被重视的感觉。

我们蹂躏别人的感情，只顾自己的想法，挑别人的错，或者当着他人的面批评孩子或员工，根本没有考虑过对别人的自尊造成的伤害。其实，我们只需要思考几分钟，斟酌一两句话，诚恳地理解他人的态度，就可以减轻这种伤害。

无条件地支持再加上讲清道理，就可以实现亲情和说理的双赢。在很多家庭中，父母与孩子的主要交流方式似乎就是对他们吼叫。而且，多数情况下，每一次这样的教育后，孩子们会变得更糟糕而不是更好，父母们也是如此。

否定、说教和偏袒，是安抚他人，尤其是安抚小孩情绪时

第三章 方式方法

的大忌。

父母的负面教育往往表现为打骂、批评、片面、抱怨、说话不算数等。

父母责骂儿女，有的孩子就跳楼自杀；老师责骂学生，险招杀身之祸；领导训斥下属，导致员工离职；夫妻相互责骂，家庭乱成一团。

家庭成员中只要有人不好好说话，总是咄咄逼人或尖酸刻薄，不顾及别人的感受，这个家庭就离破碎不远了。

小孩宁愿被仙人掌刺伤，也不愿听见大人对他的冷嘲热讽。

中国式家庭90%的问题都源于不会沟通，有的用控制的方式沟通，有的用情绪化的语言沟通，有的用冷漠和回避的方式拒绝沟通。

三、对"方式方法"的客观表述

（一）内容

1. 成语、习语

一五一十　　　知人论世　　　总结
讲话　　　　　模拟　　　　　模仿
普通话　　　　方言、俚语　　口头语
行话、行业用语　　专业术语
敬语、礼貌语言　　忌语、禁忌语言
谚语使语言更美。

2. 摘句、摘语

模仿,是培养说话能力的捷径。

开场白可分为幽默式、道歉式、悬念式、故事式、举例式、展示式、提问式、引用式、倾诉式等。

诗歌只不过是最美丽、最感人、最有力的说话方式,这也就是诗歌的价值。

演讲偏重表现,辩论偏重捍卫,而谈判偏重协调,通过合作尽量实现各自利益的最大化。

(二) 沟通

1. 成语、习语

询问	访问	访谈
采访	沟通	协调
谈判	批评	表扬
摊牌	说服	反馈
咨询	对话	汇报
讨论	指挥	命令
授权	指示	口供
寒暄	聊天	拉家常
扯闲谈	侃大山	好说歹说
开场白	独白	

一句话,十样说。　　　一言以蔽之。

2. 名篇、名言

言语可以是谎言并带有技巧;叹息才是心灵的自然流露。

第三章 方式方法

（［英国］沙德韦尔①）

你说话的方式与你所说的事情同等重要，因为人们大多有耳朵会听，却少有理解力可以下判断。（［英国］查斯特菲尔德，转引自卡耐基，1987：118）

劝说是一种管理能力。拥有这项能力的人可以利用它达到自己的目的，没有这项能力的人只能听天由命。（［美国］保罗·梅塞利斯，转引自杰纳兹，等，2006：204）

敞开心扉，是为了虚荣、为了侃侃而谈、为了得到别人的信赖、为了交换秘密。（［法国］拉罗什富科②）

3. 摘句、摘语

采访的目的是找到真相，而不应该带着自己的观点去挑刺或找人吵架。

试着架起理解的桥梁，不要让误解的篱笆越长越高。

如果你想说服某人做某事，那么你必须找到让这个人自己愿意做这件事的办法。

沟通偏重理解，目的是要学会怎样体会别人的角色、了解别人的处境、照顾别人的诉求。

换一种说法，就是换一种活法。

解开别人思想的"结"或"扣"，要了解对方的个性，要平易近人、要启发对方从多方面考虑问题。

掌握语境，说话才有效果。

人和人相处，赞美可以随口而出，批评需要三思后行。

---

① 百度文库（https://wenku.baidu.com/view/93c4cfbc492fb4daa58da0116c175f0e7dd1196c.html）．2020 - 7 - 7.

② 新东方网（http://tool.xdf.cn/jdyl/result_laluoshenfuke62.html）．2020 - 7 - 7.

（三）态度

1. 名篇、名言

不教而杀谓之虐，不戒视成谓之暴，慢令致期谓之贼。（［春秋］《论语·尧曰》）

不愤不启，不悱不发。（［春秋］《论语·尧曰》）

善心是需要通过善言表现出来的，恶言之下自有恶意。（周鱼①）

一个伟人的伟大之处就在于他对待小人物的方式。（［英国］卡莱尔，转引自卡耐基，2011b：11）

恨，使生活瘫痪无力；爱，使它重获新生。恨，使生活混乱不堪；爱，使它变得和谐。恨，使什么都漆黑一团；爱，使它光彩夺目。（［美国］马丁·路德·金②）

有时颂扬会被抛掷在无用之地；更有时候颂扬反而会激起疑心，甚至惹人讨厌，这是因为懂得颂扬而没有掌握颂扬的处世艺术。（［美国］卡耐基③）

2. 摘句、摘语

再急，也要注意语气。

打电话时说"喂"，如果你发第四声，就是要加强力量让对方听到，这时候你把音量放小就显得气不足，像病人或老人；说成第二声，而且说慢一点，感觉就比较婉转。

---

① 百度（https://baijiahao.baidu.com/s?id=1602631136564310775&wfr=spider&for=pc）．2020-7-7．

② 名言通（https://www.mingyantong.com/ju/2337083）．2020-7-7．

③ 百度文库（https://wenku.baidu.com/view/d9078c9e78563c1ec5da50e2524de518974bd301.html）．2020-7-7．

第三章　方式方法

发脾气的话真的不用说，说了也没用，只有摆事实、讲道理才是最佳的教育之道。

维护自己的尊严、为自己所提出的观点与意见进行辩护是人类的天性。

（四）道理

1．名篇、名言

非圣智不能用间，非仁义不能使间，非微妙不能得间之实。（［春秋］《孙子兵法·用间》）

道人善、即是善，人知之、愈思勉；扬人恶、即是恶，疾之甚、祸且作。（［清］《弟子规》）

肉麻的奉承只是一张债券，而公正的赞扬却是一份礼品。（［英国］塞缪尔·约翰逊①）

2．摘句、摘语

批评不用学，张嘴就会；夸奖要学，因为不是生来就会的。

心理学不看一个人说什么、赞同或不赞同什么，而是看他为什么说、怎么说的。可见，说的方式比说的内容更重要。

夸奖出于真心，拍马屁不是出于真心；夸奖的话真实，拍马屁的话不真实；夸奖的内容使人认同，拍马屁引人反感。

幽默感是一种营造氛围的能力，而不是简单的讲笑话。真正有幽默感的人，从来不用刻意去讲什么笑话。

---

① https://www.gxfz.org/1035597.html. 2020－7－7.

（五）关于"职场"

1. 名篇、名言

站在听者的立场上去思考，恰如其分地表达我们的想法，常常会起到事半功倍的作用。相反，直率地表达我们心中的想法而忽略听者的感受，这可能引起众怒，对于办事相当不利。（［美国］马登，等，2013：44）

2. 摘句、摘语

面试的过程就是推销自己的过程，你的任务就是说服对方购买你这件独一无二的商品。

沟通不如好好商量。管理科学讲求沟通，领导艺术讲求好好商量。

男女之间因为商量而让关系更加密切，上下级之间因为商量而让关系更加圆融。

谈判是为了让双方都能接受条件、达成一致，而不仅仅是通过真诚沟通就能携手共赢。

（六）关于"家庭"

摘句、摘语

父母的说话方式会影响孩子的一生。

一个家庭幸福与否，取决于家人之间是否采用好好说话的方式。

一个家庭是和睦幸福还是支离破碎，起到关键作用的是相互间能不能好好说话。

第四章　言行观点

> 【本章导语】
> 在与人说话沟通时，我们表达的观点和内容是否正确，沟通前后的言语与行动是否一致，乃是决定沟通实效乃至沟通成败的关键所在。

一、"言行观点"比较正确

> 【经典故事】
> ### 历史学家言简意赅
> 有一次，马克思的女儿请教一位德国著名的历史学家，问他能否将古今的历史缩写成一本简明的小册子。历史学家笑着答道："不必。"他说，只需用四句谚语就能概括古今的历史：
> 一、当上帝要某人灭亡的时候，往往先让其有炙人的权势。
> 二、时间就是一个巨大的筛子，最终会淘去一切历史沉渣。

说话的艺术

三、蜜蜂盗花，但结果反而使那些花开得更盛，妩媚迷人。

四、暗透了，就可以望得见星光。

【简要述评】

历史学家的这一番话，观点鲜明，形象生动，言简意赅。

（一）行胜于言

1. 成语、习语

嘉言懿行	谨言慎行	危言危行
言行一致	重诺守信	躬行己说
行胜于言	言而有信	心口如一
言出计随	言出法随	言出如山
说到做到	说话算话	说话算数
言出必行	说办就办	重诺守信
坐言起行		

布丁胜过赞扬。　　　　　　宁要实惠，不要恭维。
百闻不如一见。　　　　　　眼见为实、耳听为虚。
不要把雄心壮志挂在嘴上。　不要光说不练。
恭行己说，身体力行。　　　会说不如会做。
千言万语，还不如一个行动。少许愿，多做事。
与其夸夸其谈、不如埋头苦干。手要勤快，嘴莫多说。
身教重于言教。　　　　　　说得好不如做得好。
说起来容易，做起来难。　　允诺宜缓，履行宜速。

事实不辩自明。　　　　　　事实胜于雄辩。
许诺容易履行难。　　　　　许愿容易还愿难。
许愿就是债，欠了不容赖。　许愿要还。
行动比言语更有说服力。
喊破嗓子不如做出样子。
一次行动抵得上千言万语。
他人千次忠告，不如自己一次跌跤。
行动是果实，言语只不过是叶子而已。

2. 名篇、名言

君子以言有物而行有恒。（［周］《周易·家人·象》，邓球柏，1993：366）

古者言之不出，耻躬之不逮也。（［春秋］《论语·里仁》）

君子名之必可言也，言之必可行也。（［春秋］《论语·子路》）

君子讷于言而敏于行。（［春秋］《论语·里仁》）

圣人之道，为而不争。（［春秋］老子《道德经·第八十一章》）

言顾行，行顾言。（［西汉］《礼记·中庸》）

夫学者犹种树也，春玩其华，秋登其实。讲论文章，春华也。修身利行，秋实也。（［南北朝］颜之推《颜氏家训·勉学》）

使口不如亲为，求人不如求己。（［明］《增广贤文》）

做老实人，说老实话，干老实事，就是实事求是。（邓小平，转引自李华木，2000：281）

要做起而行之的行动者，不做坐而论道的清谈客。（习

说话的艺术

近平①)

真正的智慧在于听取忠言,立即实行,因为要一个人生来就聪明是不可能的。 (傅雷,转引自傅敏,2004:225)

敢问路在何方?路在脚下。 ([阎肃《敢问路在何方》(歌词)]

一篇美好的言辞并不能抹杀一件坏的行为,而一件好的行为也不能为诽谤所玷污。 ([古希腊]德谟克利特,转引自李华木,2000:278)

行动就是你存在的目的,全然不要再谈论一个高尚的人应当具有的品质,而是要成为这样的人。 ([古罗马]马可·奥列留·安东尼《沉思录》②)

要选择行动的一生,而不是炫耀的一生。 ([古罗马]C·内波斯③)

说一尺不如行一寸。 ([英国]弥尔顿,转引自李华木,2000:278)

说得好不如做得好。 ([美国]本杰明·富兰克林④)

3. 摘句、摘语

正直,就是言行一致。

诚信,是心口合一、言行一致。

诚信,是别人的感觉和验证,而不是你自己的说辞。

———

① 新浪网(http://k.sina.com.cn/article_2810373291_a782e4ab020012ikq.html?from=news&subch=onews). 2020-7-8.

② 个人图书馆(http://www.360doc.com/content/09/0215/12/102462_175130.shtml). 2020-7-7.

③ https://www.36yi.cn/article/4486.html. 2020-7-8.

④ 瑞文网(http://www.ruiwen.com/lizhi/mingyan/755490.html). 2020-7-8.

第四章　言行观点

承诺了的事情就要努力做到，千万不要乱开空头支票。

对细节的想象和讨论，有助于具体落实办成事，比如关于如何聚餐和怎么样减肥等。

教训能指引人，实践能推动人。

以训诫来开始，以实践来完成。

最简短的回答就是一个字：干。

判断一个人，与其根据他的言辞，不如根据他的行为，因为言辞漂亮但行为令人不敢恭维的人随处可见。

说得好，聪明；谋划得好，更聪明；做得好，最聪明。

行动起来，真正去做那些其他人往往只在口头上说说而已的事。

爱不是挂在嘴边的甜言蜜语，爱一个人没有捷径，必须坚持不懈，付出行动。

（二）观点鲜明

1. 成语、习语

简明扼要	言简意赅	开宗明义
言近旨远	咳唾成珠	口吐莲花
一板三眼	有板有眼	晓以利害

2. 名篇、名言

言愈多，于道未必明，故言以简为贵。（［北宋］《二程集·论学篇》，转引自钱厚生，2010：407）

泛讲未必吻合，而习之纯熟者妙。（［明］王廷相《慎言·潜心篇》①）

---

① 品诗文网（https://www.pinshiwen.com/zhiyan/jygx/20190620116604.html）．2020-7-8．

主权问题不是一个可以讨论的问题。（邓小平，转引自白运增，2011：241）

宣传阐释中国特色，要讲清楚每个国家和民族的历史传统、文化积淀、基本国情不同，其发展道路必然有着自己的特色；讲清楚中华文化积淀着中华民族最深沉的精神追求，是中华民族生生不息、发展壮大的丰厚滋养；讲清楚中华优秀传统文化是中华民族的突出优势，是我们最深厚的文化软实力；讲清楚中国特色社会主义植根于中华文化沃土、反映中国人民意愿、适应中国和时代发展进步要求，有着深厚历史渊源和广泛现实基础。（习近平，2014：153-154）

3．摘句、摘语

语言越简洁越有力，比如大家一起齐声喊一个字"好"，效果肯定要比齐声喊三个字"非常好"显得更为有力。

（三）内容正确

1．成语、习语

不刊之论	不易之论	药石之言
金玉良言	崇论宏议	至理名言
真知灼见	言归正传	言之有物
言诚则灵	名不虚传	

闲话少说，言归正传。

言不在多，而在有物。　　真笑话并非笑话。

一句实话胜过两句誓言。　　诺言不可信。

2．名篇、名言

信言不美，美言不信。（［春秋］老子《道德经·第八十一章》）

高论而相欺，不若忠论而诚实。（［东汉］王符《潜夫

论·实贡》）

言非法度不出于口，行非公道不萌于心。（［唐］杨炯《杜袁州墓志铭》）

凡出言、信为先，诈与妄，奚可焉？（［南宋］《三字经》）

不为圣贤，便为禽兽；莫问收获，但问耕耘。（［清］曾国藩，转引自郦波，2011b：237）

实话没有放过我，我也没有放过实话。（崔永元，2018：封面）

真实有义言，辞辩理高胜。（［古印度］马鸣①）

最能保人心神之健康的预防药就是朋友的忠言规谏。（［英国］培根，转引自李华木，2000：21）

绝对的善就是真实，而真话不会伤害言者。（［英国］勃朗宁，转引自李华木，2000：259）

共产党人可以把自己的理论概括为一句话：消灭私有制。（［德国］马克思、恩格斯《共产党宣言》②）

生命不可能从谎言中开出灿烂的鲜花。（［德国］海涅，转引自李华木，2000：280）

社交的秘诀并不在于讳言真实，而是在讲真话的同时也不激怒对方。（［日本］荻原塑太郎，转引自李华木，2000：2）

3. 摘句、摘语

不要传播小道消息。

---

① http://feng.ifeng.com/c/7sIlc0aRyJI. 2020-7-8.

② 百度文库（https://wenku.baidu.com/view/395ab11a227916888486d782?fr=search）. 2020-7-8.

多谈论他人最为愉悦的事情。

不管是人际间的沟通还是组织中的沟通，都应该注意说得正确、有效。否则，有时由于沟通的差错而导致悲剧的发生，比如世界上很多次飞机失事都是源于沟通中的差错。

寒暄时，可以聊一些与正事无关的话题，比如天气、社会风气等。

和人聊天，可以拉近距离的主题可以是让自己受不了的地方，不喜欢的食物，工作上的烦心事，接受不了的艺术等。

（四）特点突出

1. 成语、习语

呼之欲出　　　　高山流水　　　　悬河泻水
妙不可言　　　　妙语连珠　　　　言辞犀利
一语双关　　　　一咏三叹　　　　脍炙人口
要言不烦　　　　余音绕梁

2. 名篇、名言

诐辞知其所蔽，淫辞知其所陷，邪辞知其所离，遁辞知其所穷。（［战国］《孟子·公孙丑上》）

3. 摘句、摘语

演讲或讲座时，最好是每隔三分钟左右，将感性的内容和理性的内容交替进行，这样最能吸引听众。

（五）主体适宜

1. 成语、习语

肺腑之言　　　　如出一口　　　　如出一辙

2. 名篇、名言

让我与所有存活的一切做心灵的接触，并给我力量来说自

己的话。（［美国］艾德文·马克汉姆，转引自卡耐基，1987：171）

3. 摘句、摘语
诚实人的话就是他的保证书。
当人们都谈某事，某事可能就是真事。

（六）礼仪得当

1. 成语、习语
和而不同　　　求同存异
好话不伤人。

2. 名篇、名言
恶言不出于口，忿言不反于身。（［西汉］《礼记·祭义》）

诚恳和尊重是语言美的内在因素，讲究语言美，能使人变得更高尚、更纯洁。（高士其①）

（七）关于"职场"

摘句、摘语
老板提出的要求，合理的叫训练，不太合理的叫磨炼，总之都是很好的锻炼。

如果你的下属很能干，但他太不注重衣着打扮，你可以向他讲明工作的性质和公司对衣着品味的要求，甚至可以投资几千元为他改善着装。

向领导汇报工作时，你一定要在简洁的基础上让领导感到

---

① 个人图书馆（http://www.360doc.com/content/19/0125/14/27279192_811220388.shtml）．2020-7-8.

有情有性、意犹未尽。

谈判中最动听的一句话就是:"你说得对。"

(八)关于"家庭"

1. 名篇、名言

谢尽浮名更无事,灯前儿女话团圆。（[南宋]陆游《秋雨·其八》）

只要是真理,是真切的教训,不管出之于父母或朋友之口,出之于熟人生人,都得接受。别因为是听腻了的,无动于衷,当作耳边风。（傅雷,转引自傅敏,2004:59）

2. 摘句、摘语

别对爱你的人飙狠话,要学会将言语变成能够疗伤的灵药,而不是毒死人的砒霜。

多理解另一半、多鼓励孩子、多包容父母,把最动听的语言说给最爱的人听,家里才会越来越温馨。

与其批评孩子,不如做个榜样。

二、"言行观点"不够正确

【经典故事】

证人的胡说八道

林肯任总统前,曾是一位颇负盛名的律师。有一次他的亡友之子小阿姆斯特朗被人指控为谋财害命的凶手。法庭上,证人福尔逊一口咬定,亲眼看见被告小阿姆斯特朗行凶。在眼看厄运就要降临小阿姆斯特朗身上的一发千钧之际,林肯胸有成竹,与原告的证人进行对质:

第四章 言行观点

林肯：你发誓说认清了小阿姆斯特朗？

福尔逊：是的。

林肯：你在草堆后，小阿姆斯特朗在大树下，两处相距二三十米，能认清吗？

福尔逊：看得很清楚，因为月光很亮。

林肯：你肯定不是从衣着方面认清的？

福尔逊：不是的。我肯定认清了他的脸蛋，因为月光正照在他脸上。

林肯：你肯定是在10月18日晚上11点钟看见的吗？

福尔逊：充分肯定，因为我回屋看了时钟，正是11点15分。

林肯在完成一连串的询问，让证人把证词敲定后，立即转过身来，面对听众说："我不得不告诉大家，这个证人是个彻头彻尾的骗子。他发誓说他在10月18日晚上11点钟在月光下认清了被告小阿姆斯特朗的脸，但我提醒大家想一想，10月18日晚上是上弦月，11点钟时月亮已经下山了，哪来的月光呢？退一步说，就算证人记不准时间，假定时间稍有提前，月亮还在西边，被告如果脸朝大树，即向西，月光可以照到他脸上，可是证人的位置在树的东面的草堆后面，那他就根本看不到被告的脸；如果被告脸朝草堆，即向东，那么即使有月光，也只能照着他的后脑勺，证人又怎能看到月光照着被告的脸呢？又怎么能从二三十米外的草堆处认清被告的脸呢？"

审判大厅先是一阵惊人的寂静，待听众们细细琢磨并醒悟过来后，掌声和欢呼声响彻大厅。这既是为小阿姆斯特朗摆脱厄运而欢呼，也是为林肯的胜利而喝彩。

说话的艺术

> **【简要述评】**
> 林肯紧紧扣住"上弦月"和"证人的位置"以及"被告位置与月光的关系"等具体事实,驳得证人体无完肤,使其不得不向法庭承认是被收买来提供假证的,之前的证言完全是胡说八道。

(一) 言行不够一致

1. 成语、习语

大吹大擂	大吹法螺	大放厥词
坐而论道	高谈阔论	纸上谈兵
只说不做	光说不练(做)	炫玉贾石
食言而肥	言行不一	言过其行
言而无信	谈何容易	

口惠而实不至。　　大话连篇,不值一钱。
光打雷不下雨。　　光凭口说、方便又不费力。
说大话,使小钱。　　光说漂亮话而不行动,一文不值。
宏辞非雄辩。　　言语的巨人,行动的矮子。
雷声大,雨点小。　　说的比唱的还好听。
说话不算数。　　说得天花乱坠,成事微乎其微。
说一套、做一套。　　言而无信算什么绅士?
言语比行动更大胆。　　嘴上真君子,行动烂小人。
鹦鹉说得多而飞得少。
光说不做的人,犹如杂草丛生的花园。
话好行为劣,欺倒智和愚。
靠敲锣打鼓抓不到兔子。

口称有事相扰,实为借口吃喝。
赞美大海,但仍站在岸上。
赞扬娶妻之好,但仍保持独身。

2. 名篇、名言

言不信者,行不果。（［战国］《墨子·修身》）

居其位无其言,君子耻之。有其言无其行,君子耻之。（［西汉］《礼记·杂记下》）

口惠而实不至,怨灾及其身。（［西汉］《礼记·表记》）

卑而言高,能言而不能行者,君子耻之矣。（［汉］桓宽,转引自钱厚生,2010:11）

一切都靠一张嘴,而丝毫不实干的人是虚伪和假仁假义的。（［古希腊］德谟克利特,转引自李华木,2000:157）

你想教会别人做事,假如只靠讲授的话,那他永远也学不会。（［爱尔兰］萧伯纳,转引自卡耐基,2011b:10）

3. 摘句、摘语

光明磊落者受赞扬的多,但被人们仿效的少。

一个人的言谈可能像个智者,而行为却像愚者。

诺言好比馅饼皮,做好本来就是为了咬碎。

(二) 内容不够正确

1. 成语、习语

谗言佞语	答非所问	言过其实
过甚其词	夸大其词	夸海口
夸夸其谈	海外奇谈	奇谈怪论
齐东野语	无稽之谈	以售其奸
胡言乱语	胡说八道	欺人之谈

说话的艺术

妖言惑众	血口喷人	鬼话连篇
文不对题	乱弹琴	表里不一
空对空	空头支票	空口无凭
空穴来风	言之无物	口说无凭
口口声声	口耳之学	门面话
冗词赘句	闲言碎语	添油加醋
添枝加叶	诲盗诲淫	夸财招祸
言无实不祥	口出恶言	谎言

空话于事无补。　　　　　空话做不成交易。
空口说白话。　　　　　　口里摆菜谱。
煽阴风、点鬼火。　　　　说话之伤都是暗伤。
传话都是会走样的。　　　粗话无害，甘言无益。
说嘴郎中无好药。
阎王爷贴告示——鬼话连篇。

2．名篇、名言

白圭之玷尚可磨也，斯言之玷不可为也。（［周］《诗经·大雅》）

言之无文，行而不远。（［春秋］《左传·襄公二十五年》）

可怜夜半虚前席，不问苍生问鬼神。（［唐］李商隐《贾生》）

商女不知亡国恨，隔江犹唱后庭花。（［唐］杜牧《泊秦淮》）

有时意到句不到，如盲摸象，各说异端。（［南北朝］

第四章 言行观点

释道原《景德传灯录》①)

谗言谨莫听,听之祸殃结。君听臣当诛,父听子当决。夫妻听之离,兄弟听之别。朋友听之疏,骨肉听之绝。堂堂八尺躯,莫听三寸舌。舌上有龙泉,杀人不见血。([南宋]罗大经《鹤林玉露·丙篇六》,转引自章岩,2019:41)

空谈误国,实干兴邦。([明]顾炎武《日知录》②)

耳常闻恶音,未曾有善语。([清]《大藏经》③)

空谈误事,实干兴军。(习近平④)

吃苦是良图,做苦事,用苦心,苦境终成乐境;偷闲非善策,说闲话,做闲事,闲人就是废人。(李甲秋⑤)

我说过谎,但我尽量做到说的时候心虚着点,让人能看出来。(冯小刚⑥)

---

① 百度文库(https://wenku.baidu.com/view/cc869b0f52ea551810a6879f.html). 2020-7-8.

② 百度百科(https://baike.baidu.com/item/%E7%A9%BA%E8%B0%88%E8%AF%AF%E5%9B%BD%EF%BC%8C%E5%AE%9E%E5%B9%B2%E5%85%B4%E9%82%A6/6437464?fr=aladdin). 2020-7-8.

③ 百度文库(https://wenku.baidu.com/view/cc869b0f52ea551810a6879f.html). 2020-7-8.

④ 中国共产党新闻网(http://theory.people.com.cn/n/2013/0328/c168825-20947259.html). 2020-7-8.

⑤ 百度百科(https://baike.baidu.com/item/%E6%9D%8E%E7%94%B2%E7%A7%BE/13214794?fr=aladdin). 2020-7-8.

⑥ 搜狐(http://roll.sohu.com/20121003/n354287341.shtml). 2020-7-8.

3. 摘句、摘语

隐瞒真相就是示意人们说假话。

添油加醋不是撒谎,而是掩盖真相。

(三) 观点不够鲜明

1. 成语、习语

不着边际　　海阔天空　　东拉西扯
含糊其词　　闪烁其词　　语焉不详
片言只语　　三言两语　　寥寥数语
拖泥带水　　无病呻吟　　鹦鹉学舌
传声筒　　　言不及义　　言不尽意
支吾其词　　支支吾吾　　毛举细故
废话连篇　　杂乱无章

东扯葫芦西扯瓢。　　　　东一句西一句。

东一榔头西一棒子。　　　言在此,意在彼。

含糊其词,是谎言的近亲。　用含糊的语言掩盖真相。

支支吾吾,言必有诈。

2. 名篇、名言

名不正则言不顺,言不顺则事不成。　([春秋]《论语·子路》)

3. 摘句、摘语

无益的雄辩犹如松柏树,虽然高大但不结果。

(四) 态度不够端正

1. 成语、习语

唱高调　　　吹牛皮　　　吹牛拍马
恶意中伤　　耳食之谈　　风凉话

第四章　言行观点

巧言令色　　巧言乱德　　口是心非
口不应心　　违心话　　　言不由衷
口蜜腹剑　　甜言蜜语　　灌迷魂汤
脸上贴金　　卖嘴　　　　噱头
煞有介事　　吟风弄月　　轻信谣言
三人成虎　　叶公好龙

口和心不和，口善心不善。　吹捧不是布丁。
言和意不和，面和心不和。　站着说话不腰疼。
当面笑呵呵，背后讲啰唆。　东家长，西家短。
恭维话不能当饭吃。　　　　恭维而实惠少。
花言巧语不顶用。　　　　　花言巧语粉饰恶行。
花言巧语一钱不值。　　　　将嘴骗舌头。
罐满没声响，罐空响叮当。
满壶全不响，半壶响叮当。
满口仁义道德，一肚子男盗女娼。
手拿念珠，心怀鬼胎。
撒谎者常赌咒发誓。
最理亏的人叫嚷得最响。
嘴上说你讨厌，心里把你想念。
嘴上说你没用，心里对你崇敬。
嘴上一个吻，心中不动情。

2．名篇、名言

多谈些问题，少谈些主义。（胡适，转引自白运增，2011：49）

要知道对好事的称颂过于夸大，也会招来人们的反感、轻

蔑和嫉妒。（［英国］培根①）

3. 摘句、摘语
撒谎是为了发现真情。

（五）方式不够妥当

1. 成语、习语
打小报告　　　隔靴搔痒　　　骇人听闻
耸人听闻　　　危言耸听　　　假戏真唱
假戏真做　　　虚张声势　　　欲盖弥彰
装腔作势　　　装聋作哑　　　婆婆妈妈
侮辱　　　　　辱骂　　　　　寻衅闹事
连篇累牍　　　口头禅
挂羊头，卖狗肉。　　　拿着鸡毛当令箭。
面目可憎，语言无味。　狮子大开口。
赔本赚吆喝。　　　　　要想杀狗，就说狗疯了。
要想把狗吊死，就说它咬死了羊。
魔鬼为自己狡辩，也会引经据典。
言语像阵风，恶风却伤人。
争论过了头，真理变谬误。
搔痒过头伤皮肤，话语太多伤人心。

2. 名篇、名言
欲加之罪，何患无辞。（［春秋］《左传·僖公十年》）
令苟则不听，禁多则不行。（［战国］《吕氏春秋·适威》）
誉人不增其美，则闻者不快其意；毁人不益其恶，则听者

---

① 名言通（https://www.mingyantong.com/ju/159423）．2020－7－8．

不慊于心。（［东汉］王充《论衡·艺增》）

漫天要价，就地还钱。（［清］李汝珍《镜花缘·第十一回》）

客套话有如隔着面纱接吻。（［法国］雨果，转引自卡耐基，1987：222）

3．摘句、摘语

把话说得太满，就等于断了自己的退路。

如果你不能给人创造惊喜，你讲再好的故事也出不来效果。

（六）关于"职场"

1．成语、习语

封官许愿

2．摘句、摘语

在职场上不要说出位的话，否则可能失去自己原有的位置。

对于办公室的流言，尽可能躲得越远越好。如果你听到了，不要妄加评论，更不能传。否则，你就会被看成是造谣的人。

你最不应该的就是让同事，哪怕是哥们知道你的私生活。如果你先被提拔，他们可能用你的私生活攻击你。相反，如果别人先被提拔也会危及你的工作地位。不要因为听了他们讲述私生活就说出知心话，要把你的私生活与工作截然分开。

开会时说废话就是在浪费公司的钱，其实老板们最应该在意自己公司开会的效率。

（七）关于"家庭"

摘句、摘语

不肖子孙最爱吹嘘自己的高贵出身。

你说的都是关于你自己、你的小孩和你家里的事，别人肯定难以产生共鸣。

三、对"言行观点"的客观表述

（一）言行

1．成语、习语

一言一行

听其言，观其行。　　　　　　语言是行动的翅膀。

听说一事，不如亲自一试。　　言行之间有很大距离。

许诺是一回事，践诺是另一回事。

忠告可以向人讨，行动却要自动脑。

2．名篇、名言

能行之者未必能言，能言之者未必能行。（［西汉］司马迁《史记·孙子吴起列传》）

君子道人以言而禁人以行；故言必虑其所终，而行必稽其所敝，则民谨于言而慎于行。（［西汉］《礼记·缁衣》）

尚行则笃实之风行焉，尚言则诡谲之风行焉。（［北宋］邵雍《皇极经世书·观物篇》）

哲学家们只是用不同的方式解释世界，问题在于改变世

界。（［德国］马克思《关于费尔巴哈的提纲》①）

3．摘句、摘语

会说话不如会听话，会听话不如会理解，会理解不如会行动。

如果你办不到，就不要轻易地答应；如果你办得到，就要尽心尽力、尽快把事情办好。

你老爱抱怨，就成为怨妇；你嘴欠，就成为贱嘴；你老说色情笑话，人家就以为你好色，尽管你可能并不是这样的人。

讲是讲，做是做，做起来并不容易。

中国人不太相信别人讲了些什么，再信誓旦旦也没用，而相信自己的感觉和别人做什么。

（二）内容

1．成语、习语

一言一语　　　千言万语　　　南腔北调
谈天说地　　　谈古论今　　　一言难尽
一语成谶　　　前所未闻　　　闻所未闻
誓言

人嘴两张皮。

发出什么声音就有什么回声。

2．名篇、名言

言有象，事有比；其有象比，以观其次。象者象其事，比者比其辞也，以无形求有声。　　（［战国］《鬼谷子·反应篇第二》）

苦言药也，甘言疾也。　　（［西汉］司马迁《史记·商君

---

① 腾讯网（https://new.qq.com/omn/20180504/20180504A1SBLE.html）．2020-7-8．

说话的艺术

列传》）

一问一世界。（杨澜，转引自杨澜、朱冰，2019：14）

谎言和誓言的区别在于，一个是听的人当真了，一个是说的人当真了。（夏七夕《后来我们都哭了》①）

一个人所说必须真实，但是他没有义务将所有的真实都说出来。（［德国］康德②）

3．摘句、摘语

学会对人讲三种话：场面话，有真有假；私下话，也是有真有假，不要当真；心里话，全是真的，何时讲、何时不讲，掌握好时机，而且有的心里话可能需要你藏在心里一辈子。

话说得多是一回事，说得是否中肯又是一回事。

会说，说都市；不会说，说屋里。

是与非，是人们长期争论不休的问题。

说实话有时比说谎言更伤人，要学会在适当的时候说些谎言，但谎言必须是成人之美、避人之嫌、宽人之心、利人之事的。

不知道该聊什么的时候，就聊吃的、聊天气。

我们说的每句话，但愿都能温润像珍珠、闪亮像钻石、悦耳像铃铛、甜美像蜂蜜，甚至好玩如皮球。但决不能发臭如垃圾、恶心如苍蝇，甚至锋利像尖刀。

---

① http://yehuawenhua.cn/juzi/28912.html. 2020－7－8.

② 个人图书馆（http://www.360doc.com/content/19/0919/08/32901809_861912114.shtml）. 2020－7－8.

（三）态度

摘句、摘语
聊八卦本身不是问题，但打听八卦会出问题。

（四）关于"职场"

摘句、摘语
干什么活，就说什么话。
在什么位置就会讲什么话。
屁股决定嘴巴。

（五）关于"家庭"

1. 成语、习语
家长里短
2. 名篇、名言
好的坏的，我都希望听到，就像你出去了一天，晚上在书房里和我一灯相对那样的畅谈。（傅雷，转引自傅敏，2004：52）

第五章　时间地点

> 【本章导语】
> 　　与人说话沟通，确实是一门艺术；而要把握好在恰当的时间、恰当的地点以及恰当的场合、场景、场所进行沟通，更是一门高超的艺术。

一、"时间地点"比较恰当

> 【经典故事】
> ### 观众的鼓励先声夺人
> 　　肯尼亚运动员基莫布瓦在一次长跑中一路领先，当离终点还有200米时，观众中有人大喊："加油！"而其中一个人却棋高一着地高喊："快跑！破纪录了！"顿时，他如虎添翼，出人意料地刷新了世界纪录。

第五章 时间地点

> 【简要述评】
> 观众席上的一声高喊"快跑！破纪录了！"真可谓是先声夺人，激励着运动员基莫布瓦一鼓作气，为他最终打破世界纪录发挥了至关重要的加油、鼓劲作用。

（一）过去

1. 成语、习语
陈言务去
好汉不提当年勇。

2. 名篇、名言：
成事不说，遂事不谏，既往不咎。（［春秋］《论语·八佾》）

昔日长城战，咸言意气高。（［唐］王昌龄《塞下曲》）

昔日戏言身后意，今朝皆到眼前来。（［唐］元稹《遣悲怀三首》）

君生日日说恩情，君死又随人去了。（［清］曹雪芹《红楼梦·好了歌》）

（二）现在

1. 成语、习语
一日一赞　　　　　　　音犹在耳
说曹操、曹操到。　　　说鬼鬼来。
说鬼，你就会听到鬼的骨头咯咯作响。
说到狼，就见到狼在摇尾巴。
说到罗马国王，罗马国王就突然现身。

说到驴子,驴子就跑了过来。

说到天使,就听到天使振动翅膀的声音。

2. 名篇、名言

翻身向天仰射云,一笑正坠双飞翼。 ([唐]杜甫《哀江头》)

把握今日等于拥有两倍的明日。 ([美国]富兰克林①)

(三) 将来

1. 成语、习语

谎言虽然装扮得很好,但总有一天会被揭穿。

2. 名篇、名言

临别殷勤重寄词,词中有誓两心知。七月七日长生殿,夜半无人私语时。 ([唐]白居易《长恨歌》)

心期切处,更有多少凄凉,殷勤留与归时说。 ([北宋]张元幹《石州慢·己酉秋吴兴舟中作》)

愿低帏昵枕,轻轻细说与。江乡夜夜,数寒更思忆。 ([北宋]柳永《浪淘沙慢·梦觉透窗风一线》)

料得明朝,尊前重见,镜里花难折。也应惊问,近来多少华发? ([南宋]辛弃疾《念奴娇·书东流村壁》)

(四) 恒常

1. 名篇、名言

两情若是久长时,又岂在朝朝暮暮。 ([北宋]秦观《鹊桥仙·纤云弄巧》)

---

① 百度文库 (https://wenku.baidu.com/view/5ab6f3e0a417866fb94a8e34.html). 2020-7-8.

第五章 时间地点

2. 摘句、摘语

至理名言绝不会过时。　　忠言绝不嫌迟。

每天抽出三分钟作为"赞美时间"来赞美别人,学会称赞过程而非结果,尝试转述他人的赞美以及把负面事物转成正面评价。

（五）快捷

摘句、摘语

别人最多只听你一分钟,所以你开口就必须说重点。

和别人商量事情、向别人请教时,要尽量在一分钟内说清楚问题。

对于忙碌的现代人来说,快嘴应该是一种对听众的体贴行为。既然能说得又快又正确,当然也能慢慢说、妥妥当当地说。

（六）节点

1. 成语、习语

盖棺论定　　　　闻鸡起舞　　　　先礼后兵
先声夺人　　　　先发制人　　　　后发制人
悔过必先认错。　　　　　没受伤害,先别叫喊。
切莫高兴得太早。　　　　切勿褒贬过早。
事未成功,切莫声张。　　先学说,后学唱。
鸡没下蛋先别叫,事没完成别夸耀。
赞美白日要在黄昏。
谁笑到最后,谁笑得最好。
死亡是争论的终结。

说话的艺术

2. 名篇、名言

先行其言而后从之。（［春秋］《论语·为政》）

朝闻道，夕死可矣。（［春秋］《论语·里仁》）

人生得意须尽欢，莫使金樽空对月。（［唐］李白《将进酒》）

势败休云贵，家亡莫论亲。（［清］曹雪芹《红楼梦·巧姐判词》）

仁爱的话，仁爱的诺言，嘴上说起来是容易的，只有在患难的时候才能看见朋友的心。（［俄国］克雷诺夫，转引自卡耐基，1987：219）

感到怀疑时就说实话吧。（［美国］马克·吐温，转引自李华木，2000：260）

3. 摘句、摘语

如果24小时内不辟谣，以讹传讹，人们就会信谣。

慢慢熬，慢慢耗，慢慢谈，许多原本谈不成的事都能谈成。

应先提出忠告，然后采取行动。

越是尴尬之时，越要厚着脸皮去搭话，沟通的意义在于能够避免各方彼此臆测、猜忌。

在谈得兴奋的时候告辞，是最明智之举。

对方成见很深时，最好先通过第三者转致歉意，等对方火气平息之后，再当面沟通、赔礼道歉。

（七）境况

1. 成语、习语

| 出门问路 | 入乡问俗 | 入国问禁 |
| 入境问禁 | 入乡随俗 | 入门问讳 |

隔墙有耳、莫谈秘密。　　　　　　未出险境，先莫欢呼。
到什么山上唱什么歌，在什么场合讲什么话。
有话要放到桌面上来讲。

2. 名篇、名言

凤凰鸣矣，于彼高冈。　　（［周］《诗经·大雅》）

车中，不内顾、不疾言、不亲指。　　（［春秋］《论语·乡党》）

借问汉宫谁得似，可怜飞燕倚新妆。　　（［唐］李白《清平调三首》）

借问酒家何处有，牧童遥指杏花村。　　（［唐］杜牧《清明》）

借问梅花何处落，风吹一夜满关山。　　（［唐］高适《塞上听吹笛》）

开轩面场圃，把酒话桑麻。　　（［唐］孟浩然《过故人庄》）

竹喧归浣女，莲动下渔舟。　　（［唐］王维《山居秋暝》）

萧关逢侯骑，都护在燕然。　　（［唐］王维《使至塞上》）

稻花香里说丰年，听取蛙声一片。　　（［南宋］辛弃疾《西江月·夜行黄沙道中》）

毫端蕴秀临霜写，口角噙香对月吟。　　（［清］曹雪芹《红楼梦·咏菊》）

路见不平一声吼，该出手时就出手。　　［易茗《好汉歌》（歌词）］

3. 摘句、摘语

坚持在背后说别人的好话。

背后说我们好话者是朋友。

背后讲别人的坏话，迟早会被别人知道。

在私下里要忠告你的朋友，在公开场合要赞美你的朋友。

不要当众与人据理力争。

在重要场合，切忌老生常谈。

应酬中喝酒，最好是少喝，不醉为妙，不乱说为妙。

道歉时一定要真诚，尽量不要当场为自己辩解，可以事后再找机会解释。

如果你要演讲或做报告，而台上只有头顶上的一盏灯，你可以拿两张白纸放在台上，以便把头顶上的光线反射回去。

为了练胆，你应该去车站、机场、码头或地铁里、公交上，面对陌生人演讲3次以上，每次5至10分钟。

（八）职场

1．名篇、名言

明朝有封事，数问夜如何。　　（［唐］杜甫《春宿左省》）

事后论人、局外论人是学者大病。事后论人，每将智人说得极愚；局外论人，每将难事说得极易。　　（［清］曾国藩，转引自郦波，2011a：238）

2．摘句、摘语

军中无戏言。

择机进言的典范：鲁肃追孙权到屋檐下；安陵君为向楚王表忠心，等了三年。

谈判时不要轻易作答，多用缓兵之计。

上班时间，不要随意接打私人电话，让手机保持静音或震动。

被提拔后，不管是对旧同事、新下属还是对新同仁，照样要表现得谦逊有礼，千万不能因为你成了领导就盛气凌人。

成功后，对待反对者，一句得势饶人的话会让你受用无穷。

出门在外、车旅途中慎聊业务，办公室里也不可随口抱怨或说漏嘴，以免别人打小报告，让你吃不了兜着走。

给领导或大忙人解释方案，时间越短越好，最好是用一句话点出诉求，简要指出最大的优点和缺点、最具价值的地方等。

如果你的同事有口臭或体味，最好的方法就是私下里跟他说，提醒他希望他不要生气，你是不想影响到他的提拔。

如果你的客户来了，在你们公司的自助餐厅吃饭时，最好不要和同事们坐在一起吃，除非你的客人愿意他们作陪。你可以找一个安静的角落，这样你们的讨论就不会影响到别人。

除非你犯了罪或因违反职业道德而被辞退，否则和同事道别没什么可尴尬的。要从容得体，不要留下坏印象。不要非议公司或你的老板，不要抱怨，也不要评判发生了的事。只说你的新工作是一个难得的机会，希望和同事们继续保持联系，不必贬低公司和任何人来抬高你自己和你的新工作。

在商店买东西时，如果你发现收银员在闲聊，你买好东西打包之后，可以私下向经理说明你个人的看法，但没必要指名道姓或当着别人的面吵架，这会让大家都很难堪。

（九）家庭

1. 成语、习语
在家无怨　　　　家丑不可外扬
床头吵架床尾和。
兄弟阋墙，外御其侮。

2. 名篇、名言
何当共剪西窗烛，却话巴山夜雨时。　　（［唐］李商隐

说话的艺术

《夜雨寄北》）

待归来，先指花梢教看，欲把心期细问。（［南宋］陆淞《瑞鹤仙·脸霞红印枕》）

假定我们也住在伦敦，难道每两星期不得上你们家吃一顿饭，你们也得花费一两小时陪我们谈谈话吗？（傅雷，转引自傅敏，2004：301）

少女少妇更忌精神上的孤独。共同的理想、热情，需要长期不断地灌溉栽培，不是光靠兴奋时说几句空话所能支持的。而一本正经地说大道理，远不如日常生活中琐琐碎碎的一言半语来得有效。（傅雷，转引自傅敏，2004：269）

家里嘱咐你的话多听一些，在外就不必只受别人批评。（傅雷，转引自傅敏，2004：256）

3. 摘句、摘语

今天就赞美你的家人和朋友。

你有事要和孩子商量，最好是选择适当的机会，到孩子们的房间里去，坐在孩子的床边，叫他坐在你身旁，然后才对他说。

在婚礼上，新郎的誓词越细节化、生活化，就越能让人感动。

家丑难将说向君。

要懂得换一种方式进家门，将消极情绪在进家门前就处理好，留在家里的才是一片和睦与平静。

女性在怀孕期间，尤其是产后或生病期间，更需要得到家人尤其是丈夫的照料与关心，要对她们温言相待、细心关怀。

家里，更多的是讲"情"的地方。如果家里充满了温馨与爱意，讲起"理"来就会云淡风轻、暖意盈盈。

第五章 时间地点

二、"时间地点"不太恰当

【经典故事】
美国太太未能入境问禁

数年前,有个美国太太到英国旅行。有一次坐火车,她走进了一间吸烟室,里边正有个英国绅士在吸烟。美国太太静坐了一会儿,指望这位英国绅士自觉停止吸烟。不久,她就开始打喷嚏和咳嗽,竭力向这位英国绅士表示对吸烟的极度厌恶。最后,当她看到这位英国绅士丝毫不理她的暗示,也根本不打算停止吸烟时,只好说:"如果你是一位绅士的话,当有位夫人走进这节车厢后,你就应该停止吸烟。"英国绅士也回答道:"如果你是一位夫人的话,当有位绅士坐在这里抽烟时,你就不该走进这节车厢。"

【简要述评】
这位美国太太也许不知道她走进的地方是专门用于吸烟的吸烟室,所以没有入境问禁,犯了"想当然"的主观主义错误,最终落得个自讨没趣。

(一)内容

1. 成语、习语

长篇大论	陈词滥调	陈年老账
翻旧账	老调重弹	老生常谈

陈谷子烂芝麻。

2. 名篇、名言

花烂漫，景喧妍，休说壶中别有天。 （［北宋］《续传灯录》①）

（二）境况

1. 成语、习语

道听途说　　　满城风雨　　　街谈巷议
窃窃私语　　　逢场作戏　　　四面楚歌
骂大街
狗是百步王，只在门前狂。　囚笼里的夜莺不会唱歌。
兔儿窝里献策。　　　　　　小偷争吵，窃情败露。
舌头总是碰着痛牙。　　　　说谎瞒不了当乡人。
当面是人，背后是鬼。　　　当面一套，背后一套。
喊天天不应、喊地地不灵。　寄人篱下，有苦难言。
哪里有窃窃私语，哪里就有谎言。
闹处莫出头，冷地着眼看。

2. 名篇、名言

道听而途说，德之弃也。　（［春秋］《论语·阳货》）
对酒当歌、人生几何？　（［东汉］曹操《短歌行》）
不敢长语临交衢，且为王孙立斯须。　（［唐］杜甫《哀王孙》）
含情欲说宫中事，鹦鹉前头不敢言。　（［唐］朱庆馀《宫词》）

---

① 个人图书馆（http://www.360doc.com/content/18/1014/20/7839659_794731444.shtml）．2020－7－10．

马上相逢无纸笔，凭君传语报平安。 （［唐］岑参《逢入京使》）

多情自古伤离别，更那堪冷落清秋节。 （［北宋］柳永《雨霖铃》）

当面不说，背后乱说。 （毛泽东《反对自由主义》）

对一个高尚的人来说，在不恰当的地方，受到不恰当的人的赞美是一种最大的坏事。 （［英国］本·琼森①)

公开赞美别人的人，也会在暗中进行诽谤。 （［英国］福勒②）

（三）时机

1. 成语、习语

口水未干	放马后炮
迟到的忏悔很少有诚意。	事后诸葛亮。
牛奶洒地，哭也无益。	事情已过，忠告无用。
临时抱佛脚。	亡羊补牢、为时已晚。
危险刚过，就嘲笑圣人。	最需要忠言时方恨少。

等到大炮发言，争论已经太晚。
事后的忠告，犹如人死了还服药。
欢笑结束就是悲哀的开始。
遇到暴风雨时发誓，风平浪静时忘记。

---

① 名人传（https://www.mingrenzhuan.com/mingrenmingyan/1559.html）．2020－7－8.

② https://www.zaoxu.com/zs/1906122596a54cdbb555cfd0.html. 2020－7－8.

说话的艺术

2．名篇、名言

往者不可谏，来者犹可追。（［春秋］《论语·微子》）

何时一尊酒，重与细论文。（［唐］杜甫《春日忆李白》）

暂去还来此，幽期不负言。（［唐］贾岛《题李凝幽居》）

为问元戎窦车骑，何时返旆勒燕然。（［唐］皇甫冉《春思》）

闻道欲来相问讯，西楼望月几回圆。（［唐］韦应物《寄李儋元锡》）

平地怒涛千百尺，旱天霹雳两三声，可怜月下守株客，凉兔不逢春草生。（［宋］《传灯录》①）

勿谓言之不预也。（［清］李宝嘉《官场现形记·第十九回》）

每日早晨大夸你的朋友，还不如诅咒他。（［古犹太王国］所罗门，转引自李华木，2000：18）

声誉不过是人们的喁喁细语，但它往往是腐败了的气息。（［法国］卢梭，转引自李华木，2000：166）

3．摘句、摘语

在吃饭（包括宴会前），过于啰唆地说话，简直不得

---

① http://www.daizhige.org/%E4%BD%9B%E8%97%8F/%E7%BB%AD%E8%97%8F/%E7%BB%8F/%E4%B8%AD%E5%9B%BD%E6%92%B0%E8%BF%B0/%E5%8F%B2%E4%BC%A0%E9%83%A8/%E7%A6%85%E5%AE%97%E5%8F%B2%E4%BC%A0%E9%9B%E9%9B%B6%E7%BB%AD%E4%BC%A0%E7%81%AF%E5%BD%95-32.html. 2020-7-8.

人心。

事情久拖不办，没人对你感谢。

昨日再也唤不回来。

明天明天，就是不说今天，这是一切懒人说的话。

（四）职场

1. 成语、习语

一朝权在手，便把令来行。

2. 名篇、名言

茂陵不见封侯印，空向秋波哭逝川。（［唐］温庭筠《苏武庙》）

扬善于公庭，规过于私室。（［清］曾国藩，转引自郦波，2011a：238）

3. 摘句、摘语

不要在办公室议论薪水。

在没有出现不同意见之前，你不要做出任何决策。

当别人向你讨教或征求你的意见时，最好不要表现得"不假思索"，正所谓"贵人语迟"。

（五）家庭

1. 成语、习语

枕头是最好的顾问。　　　整天待在家，闭目又塞听。

2. 名篇、名言

千里孤坟，无处话凄凉。（［北宋］苏轼《江城子》）

莫骂西时妻，一夜受孤凄。（［明］《增广贤文》）

3. 摘句、摘语

孩子在做功课、医生在看病、别人在忙正事的时候，你不应该在旁边多说,你"言多",他"必失"。

家庭中语言是具有杀伤力的,也有遗传性,最糟糕的是将来的某一天,他会用同样的语言反过来伤害自己和他的后代。

骂小孩、骂下属两小时也不会有效果,尽量不要发电子邮件和使用微信、微博来骂人。

秀恩爱,"死"得快。一是别天天秀,二是得符合自己的经济实力。

三、对"时间地点"的客观表述

(一) 时机

1. 成语、习语

人死口闭　　　　死无对证　　　　预言
情人怄气,转瞬即逝。　　天鹅将死,歌声凄美。
少说失意事,莫夸好运到。　机会丧失,空徒悲切。
早餐前欢笑,晚餐可能就得哭。

2. 名篇、名言

鸟之将死,其鸣也哀;人之将死,其言也善。([春秋]《论语·泰伯》)

谓言侵早起,更有夜行人。([南宋]释法薰《偈倾一百三十三首》①)

鸡声歇,马嘶人语长亭白。(毛泽东《归国谣·今宵

---

① 古诗文网(https://so.gushiwen.org/shiwenv_2c0aed194ce1.aspx). 2020-7-8.

月》)

3. 摘句、摘语

说话这件事情,一个人一个样,一地一个样,一时一个样。

懂得说话的人,不但要挑吉时,更要挑好的环境,也就是要找对方最合适、同时对自己最有利的时机和环境。

劝慰要选择恰当时机,不要等事过境迁,更不要火上浇油。

发问、商量、道歉、教导、指示、责骂,许多时候效果不好,是因为说得太多了。如果能在一分钟内完成,将会有意想不到的效果。

谁都有需要宣泄情绪的时候,互相忍一下,错开情绪发作的当口,不对着干,事情很可能就过去了。

进言,就是现在去说、主动去说;退言,就是退一步说话,等改天时间对了、地方对了、情绪对了,再讲。

(二) 境况

1. 成语、习语

存而不论　　　　　　　向隅而泣
临别赠言
不可同日而语。
白天有眼,黑夜有耳。　　天有眼,墙有耳。
篱笆有眼,隔墙有耳。　　路上说话,草里有人。
好话不背人,背人无好话。
当面责人是英雄,背后中伤是懦夫。

2. 名篇、名言

君自故乡来,应知故乡事。来日倚窗前,寒梅著花未?

说话的艺术

（［唐］王维《杂诗》）

五花马，千金裘，呼儿将出换美酒，与尔同销万古愁。（［唐］李白《将进酒》）

近水知鱼性，近山识鸟音。　（［明］《增广贤文》）

谁人背后无人说，哪个人前不说人。　（［明］《增广贤文》）

3．摘句、摘语

开玩笑要注意场合。

要把话说好，甚至要把恋爱谈好，先得注意坐的位置。是相邻而坐还是面对面而坐？是选择坐在靠角落的地方还是选择容易被别人打扰的地方？

在什么场合说什么话。说话一定要看场合，尤其是适宜多说还是适宜少说的场合。

（三）职场

成语、习语

筑室道谋

路边建房参谋多。

在街市上干活，指教者众多。

（四）家庭

1．成语、习语

私房话　　　　　枕边风

2．摘句、摘语

无论在家中还是社会上，都要管住嘴巴，不要说抱怨的话。

枕边风吹得不好就会患感冒。

第五章　时间地点

吹枕边风就是说私房话。

一个人在家中说话的语气态度,决定这个家庭的和谐与幸福,而且家庭成员是互相影响的。

第六章 主体选择

【本章导语】
　　在人们的说话沟通中，谁是比较合适的主体，谁不太适合来主导一场交谈与沟通，这些都是我们在做决定时必须认真考虑的重要因素。

一、"主体选择"比较合适

【经典故事】
伊斯美"月亮岂怕狗吠"

　　第一次世界大战后，土耳其依靠自己的力量打败了甘当英国傀儡的希腊，走上了独立的道路。英国为了自己的势力范围，准备严惩土耳其。于是，纠集法、意、美、日、俄、希腊等国各派代表，与土耳其代表在洛桑谈判，企图胁迫土耳其签订不平等条约。英国的代表是外相刻遵。刻遵身材魁梧，声如洪钟，是名震世界的外交家；而土耳其的代表伊斯美，不仅身材矮小，耳朵还有些聋，在国际、国内毫无名气可言。在谈判桌上，刻遵非常轻视伊斯美，态度十分傲慢、

第六章　主体选择

嚣张，其他列强的代表也盛气凌人。但是，伊斯美态度从容，情绪镇定，毫无惧色。特别是他的聋耳发挥了"特殊"的作用。对土耳其有利的发言，他全听到了，不利的话，他装作全没听到。当伊斯美提出维护土耳其权益的条件时，英国外交大臣刻遵大发雷霆，挥拳吼叫，咆哮如雷，恫吓、威胁不断向伊斯美劈头盖脸地压下来。各国列强的代表也气势汹汹，包围了伊斯美。但伊斯美却大装其聋，坐在那里若无其事，等刻遵等人声嘶力竭地叫嚷完了，他才不慌不忙地张开右手，靠在耳边，将身子移向刻遵，十分温和地说："您说什么？我还没有听明白呢！"气得刻遵等人直翻白眼，反倒说不出话来。

【简要述评】

伊斯美真可谓是"任凭风浪起，稳坐钓鱼台"，他坚持不与列强代表正面交锋，装聋作哑，大搞心理战，毫不退让，是"月亮岂怕狗吠"的典范。

（一）明智者

1. 成语、习语

明辨是非	反躬自问	雅人深致
大美不言	大爱无言	大音希声

好男不和女斗。　　　　　老狗不白吠。
老狗叫是忠告。　　　　　老狗咬人特别疼。
善问者善教。　　　　　　勤问者不出错。
仁者见仁、智者见智。
智者不耻下问。　　　　　智者总善听人言。

聪明人不信谣。　　　　　聪明的手不做蠢人所说的事。

聪明人从来不说计划是不能变的。

聪明人耳朵长、舌头短。

聪明人，凡事只需听一半就明白究竟。

求人不如求自己。

好舌头不出恶声，好心肠不想坏事。

智者的舌头只是为了自卫，而非用来攻击。

同坏人打交道要特别小心。

虽可随声附和，仍需独立思考。

同智者一起思考，与俗人一起交谈。

与少数人一起思考，与多数人一起交谈。

2．名篇、名言

岂弟君子，无信谗言。　　（［周］《诗经·小雅·青蝇》）

子在川上曰：逝者如斯夫！　　（［春秋］《论语·子罕》）

君子不以言举人，不以人废言。　　（［春秋］《论语·卫灵公》）

君子不怨天、不尤人。　　（［战国］《孟子·公孙丑下》）

天地有大美而不言，四时有明法而不议，万物有成理而不说。　　（［战国］《庄子·知北游》）

君子隐而显，不矜而庄，不厉而威，不言而信。　　（［西汉］《礼记·表记》）

不闻大论，则志不弘。不听至言，则心不固。　　（［东汉］荀悦，转引自钱厚生，2010：27）

非不蔽不私加以自强，不可语于智仁勇。　　（［清］戴震，转引自钱厚生，2010：83）

每日四问：我的身体有没有进步？我的学问有没有进步？我的工作有没有进步？我的道德有没有进步？　　（陶行知《陶

行知教育名篇》①)

语过虚伪说,智者所不言。 ([古印度]马鸣《佛行所赞》②)

一个人不应当听从所有人的意见,而只是听从那些明白地按照本性生活的人们的意见。 ([古罗马]马可·奥列留·安东尼《沉思录》③)

只有少数明智的人才愿听逆耳的忠言,而不愿听那些言不由衷的赞扬。 ([法国]拉罗什富科《道德箴言录》④)

3. 摘句、摘语

中国人最高明,用让来争,懂得让的人,也能争到最后。所以,中国被称作礼让之邦。

真正善良的人,他们心中有爱、嘴下留情,好好说话,用温暖的语言去说服人,而不会用语言去杀人。

君子动口不动手。

说话说得好的人,一定是在之前用心思考、用心准备,然后用心说话的人。

不要做糊涂蛋,别人说什么、你就信什么。

即使是傻瓜,也会批评、指责和抱怨,而只有品格和自制力才能让我们理解他人、宽恕他人。

---

① 百度学术 (https://xueshu.baidu.com/usercenter/paper/show?paperid=af41b59d8c8058f86d832314c3c503b3&site=xueshu_se). 2020-7-8.

② 都市文化网 (http://www.dswhb.com/lishi/1810/31046.html). 2020-7-8.

③ 句子百科 (http://www.173473.com/p4/14242a0.html). 2020-7-8.

④ 瑞文网 (http://www.ruiwen.com/mingyan/1848000.html). 2020-7-8.

成功的秘诀就是自我反省,每一天都问自己:我今天做对了什么事情、做错了什么事情,同样的错误绝对不要犯第二次。

历史学家是向后看的预言家。

你要时刻告诉自己:为了你的奋斗目标,必须把勤奋和热情结合起来,只有这样才会走向成功。

一个会说话的人,总是心胸和视野最宽阔的人。

会说话的人,使人如沐春风。

(二) 讲演者

1. 成语、习语

辩才无碍　　　辩风甚炽　　　舌剑唇枪
伶牙俐齿　　　铁齿铜牙　　　能说会道
能言善辩　　　舌灿如莲　　　三寸不烂之舌

2. 名篇、名言

人能弘道,非道弘人。　([春秋]《论语·卫灵公》)

3. 摘句、摘语

站在台上发表见解的人,便是可以驾驭世界的勇士。

能说服自己的人,才是好的演说家。

宣布决心要取得成功的人,已经成功了一半。

学会这几招,当众说话不再紧张:充分准备加上现场目光回避法、呼吸松弛法、自我陶醉法、注意力转移法、语言暗示法等。

主持人的讲话,应注意口语化、短句子、气场、信息量和价值观。

作为演讲者,你应该以听众的喜好为出发点,尽量满足他们的需要和愿望。

(三) 知情者

1. 成语、习语

小孩子耳朵长。

2. 名篇、名言

白头宫女在,闲坐说玄宗。([唐]元稹《行宫》)

(四) 代表者

1. 成语、习语

为民请命

2. 名篇、名言

青年之字典,无"困难"之字;青年之口头,无"障碍"之语;唯知跃进,唯知雄飞,唯知本身自由之精神、奇僻之思想、锐敏之直觉、活泼之生命,以创造环境,征服历史。(李大钊《"晨钟"之使命》[①])

3. 摘句、摘语

狐狸的借威策略就是设法让权威来充当代言人。

请别人间接放话的好处就是不伤情面,而且你今后还有可以回旋的余地。

(五) 大家谈

1. 成语、习语

群言堂　　　　　各抒己见

百花齐放、百家争鸣。

---

① 新东方网(http://tool.xdf.cn/jdyl/result_lidazhao32.html). 2020-7-8.

2. 名篇、名言

"一带一路"建设秉持的是共商、共建、共享原则,不是封闭的,而是开放包容的;不是中国一家的独奏,而是沿线国家的合唱。 (习近平①)

(六) 真诚者

1. 成语、习语

小孩子和傻子都不会撒谎。　　孩子和傻子都说真话。
小孩子和醉汉都讲真话。　　稚子与酒徒,口中无谎言。
好汉一言、快马一鞭。　　　君子一言、驷马难追。
一言出口,如箭离弦。　　　一言既出,驷马难追。
说一是一,说二是二。　　　身正不怕影子斜。

2. 名篇、名言

中国人说话是算数的。 (周恩来,转引自白运增,2011:200)

诚实人说的话,像他的抵押品那样可靠。 ([西班牙]塞万提斯,转引自李华木,2000:281)

3. 摘句、摘语

勇敢的人,都是信守诺言的人。

你的朋友被人背后议论,只要你出于真心,可以将别人的非议说给他听,他当时可能不高兴,但等他明白了自然会感谢你。

---

① 新华网 (http://www.xinhuanet.com/politics/xxjxs/2018-05/14/c_1122826391.html). 2020-7-8.

（七）建言者

1. 成语、习语

出谋划策　　　　出主意　　　　建言献策
出钱者有权出主意。

2. 摘句、摘语

我们可以给人出主意，但是不能替他采取行动。
最不起眼的人往往能出好主意。

（八）专业者

1. 成语、习语

谈吐不凡
嫌货才是买货人。
信鸽虽小却能传送重要信息。

2. 名篇、名言

汉女输橦布，巴人讼芋田。（［唐］王维《送梓州李使君》）

次于沉默，最接近于表达出不能表达的就是音乐。（［英国］赫胥黎，转引自李华木，2000：294）

音乐有个极大的方便，什么也不用说，却能把什么都表达出来。（［苏联］爱伦堡，转引自李华木，2000：293）

3. 摘句、摘语

挑衣服的才是真正的顾客。
法官是代表法律说话的。
律师的语言讲究准确性、逻辑性、针对性、简洁性和征服性。
做访谈节目的人是以提问为生的。

说话的艺术

导游解说时,要以描绘和抒情为主,要做到言之有据、言之有理、言之有物、言之有趣、言之有神、言之有喻。

(九) 主导者

1. 成语、习语

唱主角　　　　海纳百川　　　　登高一呼
振臂一呼　　　　金口玉言　　　　君无戏言
力排众议　　　　一唱百和　　　　一呼百诺
一呼百应　　　　莺歌燕舞　　　　语惊四座
贵人语迟

大海不拒江河。　　　　大海总是抱怨水不够多。
大人不计小人过。　　　大人物受苦不叫苦。
月亮不怕狗吠。　　　　月亮岂怕狗吠。
老年人出主意,年轻人出力气。
说话有人听,喝酒有人敬。

2. 名篇、名言

圣人处无为之事,行不言之教。（［春秋］老子《道德经·第二章》）

大人者,言不必信,行不必果,惟义所在。（［战国］《孟子·离娄下》）

师者,传道授业解惑也。（［唐］韩愈《师说》）

尧、舜、三王之言,言而民莫不信,致其良知而言之也。（［明］王阳明,2016:82）

一声黄鸟青山外,占断风光作主人。（［宋］《人天眼

目》①)

绿窗春睡觉来迟,谁唤起?窗外晓莺啼。([元]胡祗遹《阳春曲·春景》)

纱窗外蓦然闻杜宇,一声声唤回春去。([元]马致远《寿阳曲·春将暮》)

圣贤言语,神钦鬼伏。([明]《增广贤文》)

春来我不先开口,哪个虫儿敢作声。(毛泽东《七绝·咏蛙》)

3. 摘句、摘语

一个人身份越高权威越大,别人在他说话时保持沉默的概率就越大。

你辅导别人的小孩但他的成绩没提高,你要主动先和家长谈,再把孩子叫来,三方一块谈,最后让孩子和家长谈。

真正批评你的人要不就是你的父母,要不就是你的师长,要不就是你的领导。不然,谁犯得着去批评你呢?

(十) 恋人

摘句、摘语

恋人之间的谈话,恰如蝶恋花、云追月,千言万语总是情。

(十一) 职场

1. 成语、习语

一锤定音　　定于一尊

---

① https://www.liaotuo.com/chanzong/sixiang/55288_2.html. 2020-7-8.

说话的艺术

2. 名篇、名言

我们千万不能在一片喝彩声、赞扬声中丧失革命精神和斗志,逐渐陷入安于现状、不思进取、贪图享乐的状态。（习近平①）

你是一个奴隶,自由的言谈不是适于你的。（［古罗马］马可·奥列留·安东尼《沉思录》②）

狼和羊都没有资格谈论自由。（［美国］林肯③）

"人民至上"就是：件件政治大事,要向人民请教。（［法国］巴尔扎克《巴尔扎克论文选》④）

3. 摘句、摘语

作为领导,传达指令要清楚。

那个看起来笨到家、总说错话的副手,其实后面有个聪明的正手在指点。

领导在开会讨论时插话,一定要注意把握好插话的时机,不要插话成癖,更不能把话题扯散。

领导者应常与下属交谈,激发部下讲话的愿望,启发他们讲真话。

领导者要学会拒绝员工某些不太合理的要求。

每个充满魅力的领导人都是出色的演说家,他们最拿手的就是其表演具有说服力,让下属、公众膜拜和支持他。

---

① 共青团中央（https://baijiahao.baidu.com/s?id=1637388667740493302&wfr=spider&for=pc）.2020-7-8.

② 知乎（https://www.zhihu.com/question/313255594/answer/618332990）.2020-7-8.

③ https://www.zuowenzhang.com/juzi/31838.html.2020-7-8.

④ 新东方网（http://tool.xdf.cn/jdyl/result_baerzhake23.html）.2020-7-8.

第六章　主体选择

权威的引导永远比强硬的命令有效。

权威性讲话适用于上传下达、宣布奖惩、执行决定、新闻发布等；非权威性讲话适用于上下沟通、征求意见、协调对话、个别谈心、调查访问、学习讨论等。

听取下属汇报时有三忌：心不在焉，仓促表态，埋头记录。同时，对下属提出的意见或建议，事后都应一一有所回应，还应对提意见者表示感谢，鼓励他们以后继续关心团队发展。

在职场上，不该你干的事最好不要碰，免得好心办坏事，而且要把道理耐心地给请你帮忙的人讲清楚。

跟老板汇报方案的时候，你可以在一开始就说出老板的顾虑，来获取他对你更多的信任。

要根据对手的不同性格来调整谈判策略：有的人死板，有的人热情，有的人冷静，有的人霸道，有的人迟疑，有的人好面子。

（十二）家庭

1. 成语、习语

夫唱妇随

狗不嫌家贫，子不嫌母丑。　　　　母不嫌子丑。

2. 名篇、名言

孩子不向父母诉苦向谁诉呢？我们不来安慰你，又该谁来安慰你呢？　（傅雷，转引自傅敏，2004：63）

3. 摘句、摘语

儿子夹在老婆和妈妈之间的一个基本原则就是：不信谣，不传谣，学会两头安抚。

父母要教会孩子和世界、和他人、和社会相处的能力。

父亲应经常和孩子一起谈论理想，说说自己的工作，教孩子礼仪，教孩子下棋，和孩子一起做游戏和进行户外运动等。

你自己的底线和你承诺过的绝不能突破。这样，夫妻间、情侣间、朋友间就会知道你是一个有原则的人，就会相互尊重，他有些话就不会说，有些无理的要求就不会提。

一家人好好说话的目的在于：了解和体谅他人的感受，用正面的语言表达愤怒和烦躁，不再互相指责和抱怨，相互尊重每个人的需要，让孩子成为有爱心、负责任的人，彼此忠诚，让自己快乐也让我们所爱的人快乐。

一个家庭只要女同胞不吵架，家里一般就吵不起来。

过年回家和亲戚拉家常，应敞开心扉，可以回忆以前的趣事或者和他们分享你的经历，说一些家长里短的事也是挺好的。

没工作、没对象的年轻人回家过年，面对亲戚盘问，你完全可以实话实说，说不定拜完年，真的有人会帮你找工作、介绍对象。

二、"主体选择"不太合适

【经典故事】
萧伯纳的自我标榜

诺贝尔文学奖获得者爱尔兰作家萧伯纳访问苏联时，在街头遇见一个小姑娘，觉得她聪明、活泼、逗人喜爱，便同她玩了很久。临别时，萧伯纳对她说："你回去告诉你妈

第六章 主体选择

妈,今天同你玩的是世界著名的萧伯纳。"小姑娘听后,学着萧伯纳的口吻说:"你回去告诉你妈妈,说今天同你玩的是苏联小姑娘,叫丽莎。"

【简要述评】

萧伯纳作为世界闻名的作家、演说家,对小姑娘丽莎的回答也只能哑口无言。因为,小女孩的回答不仅维护了她自己的尊严,同时也反衬出萧伯纳一定程度的自我标榜。

(一) 糊涂者

1. 成语、习语

白费唇舌　　　磨破嘴皮　　　漏口风
漏风声　　　　多管闲事　　　狂犬吠日
痴人说梦　　　快人快语　　　听信谗言
孤掌难鸣　　　乌鸦嘴　　　　口尚乳臭
一言堂
愚者话多。　　　　　　　愚者所问,智者难答。
不会求教者不会生存。
蠢人总是准备随时给人出主意。
饿着肚皮说闲话,穷开心。　　狗胆小、拼命叫。
一个巴掌拍不响。　　　　　　经常抱怨,没人同情。
嘴上没毛,说话不牢。　　　　言者无心,听者有意。
美酒入口,秘密就吐。　　　　酒后吐真言。
喝了啤酒,猫也开口。
美酒一下肚,话匣子关不住。

说话的艺术

要是傻子不说话,他就不是傻子。
只有蠢羊才向狼忏悔。
只有蠢鱼才咬两回钩。
只有傻鹅才去听狐狸说教。
只有瞎眼的笨鹅才会去听狐狸布道。

2. 名篇、名言

客来主不顾,应恐是痴人。 ([明]《增广贤文》)

气不盛者,遇事而气先慑,而脱逃,而心先摇;平时一一禀承,奉命唯谨,临大难而中无主。其识力即钝,其胆力必减,固可忧之大矣。 ([清]胡林翼①)

什么话都说的人是什么事都不能的人。 ([法国]拿破仑,转引自卡耐基,1987:206)

酒会使嘴轻快,但酒更会打开心灵的窗子,因而酒是一种道德的、使人吐露心腑的东西。 ([德国]康德,转引自李华木,2000:109)

缺乏与他人和谐共处的能力、无法融入他人生活的人,怎可能成为一个优秀的倾诉者或倾听者呢? ([美国]马登,等,2013:9)

任何愚人都会批评、指责和抱怨,而且大多数愚人正在这么做。 ([美国]富兰克林②)

3. 摘句、摘语

很多人从来就没想过要好好说话。

---

① 人民论坛网(https://baijiahao.baidu.com/s?id=1666047538586779502&wfr=spider&for=pc). 2020-7-8.

② 个人图书馆(http://www.360doc.com/content/11/0529/17/5517827_120308418.shtml). 2020-7-8.

第六章 主体选择

平庸的人总是抱怨自己不懂的东西。

我们赞扬或责备他人的依据,就是看谁为我们提供了更好的机会来表现我们的判断能力。

"一言堂"式的谈话方式,或许可以显示口才,但结果往往事与愿违,容易使人厌倦而不耐烦,别人可能认为你自高自大、蔑视他人的存在。

夸耀自己的学识,实乃无知。

说话不看对象,不会有好的结果。

知之甚少的人,经常重复他那点东西。

(二) 是非者

1. 成语、习语

搬弄是非	飞短流长	嚼舌根
风言风语	流言蜚语	说闲话
说长道短	闲磕牙	无事生非
污蔑	污言秽语	异端邪说
小道消息	一派胡言	造谣
造谣惑众	造谣生事	造谣中伤
吹鼓手	通风报信	透风漏气
多嘴多舌	调嘴学舌	小广播
包打听	挑拨离间	狗咬狗

爱叫的麻雀不长肉。　　　　　　张家长、李家短。

搬弄是非者,必是是非人。　　　搬弄是非者,必是撒谎人。

搬弄是非者,恶劣甚于贼。　　　来说是非者,就是是非人。

好问是非者,必是是非人。　　　恶人先告状。

锯了嘴的葫芦,多嘴多舌。　　　魔鬼在布道,世界末日到。

狗嘴里长不出象牙。　　　　　　狗嘴里吐不出象牙来。

歪嘴吹喇叭,一股邪气。　　歪嘴和尚念经。
2. 名篇、名言
好面誉人者,亦好背而毁之。　（［战国］《庄子·盗跖》）
言人之不善,当如后患何?（［战国］《孟子·离娄下》）
苍蝇间白黑,谗巧反亲疏。　（［三国］曹植《赠白马王彪》）

(三) 讷言者

1. 成语、习语
茶壶里煮饺子。　　　　　　　没嘴葫芦。
2. 摘句、摘语
言语乏味的人,不但不了解自己、不喜欢自己,其至也不能保持自己的自然天性。因为他不能使别人了解自己的基本需要并得到满足。所以,在与别人交往的时候,也很难去了解并满足他人的需要。言语乏味是人格生病的一种症状,也是人格不再成长的一种现象,同样的事情言语乏味的人说起来可能毫无趣味,但会说话的人却能将它说得活泼而有朝气。

(四) 局外者

1. 成语、习语
远来的和尚会念经。
狐狸的诡计永远进不了狮子的头脑。
2. 摘句、摘语
没吃过梨子的人不知道梨子的滋味,没有讲过好话的人不知道好话的好处。
我知道,这话不该我来说。

第六章　主体选择

（五）位卑者

1. 成语、习语
人微言轻　　　　　　故作高论
破钟无好音。
穷人的道理无人听。

2. 名篇、名言
位卑而言高。（［战国］《孟子·万章下》）
卑之者无甚高论。（［东汉］班固《汉书·张释之传》）
力微休负重，言轻莫劝人。（［明］《增广贤文》）

3. 摘句、摘语
说话没人听，说了也白说。
一个人的声音没有力量。

（六）撒谎者

1. 成语、习语
贼喊捉贼　　　　两面派　　　　两面人
露马脚　　　　　打牌子　　　　马屁精
马屁精聚会，魔鬼必赴宴。　　空桶响声最大。
多嘴的人谎话多。　　　　　　多嘴的人是无赖。
发誓赌咒会撒谎。　　　　　　负债的人谎话多。
见人说人话，见鬼说鬼话。　　撒谎者比盗贼更可恶。
撒谎者必须有很好的记性才行。
撒谎者，即使说了真话，也没人相信。

2. 名篇、名言
言必称希腊。（毛泽东《改造我们的学习》）
赞美好事是好的，但对坏事加以赞美则是一个骗子和奸诈

说话的艺术

的人的行为。（［古希腊］德谟克利特①）

政治上的谩骂往往掩盖着谩骂者的毫无原则、束手无策、软弱无力和色厉内荏。（［苏联］列宁《谩骂的政治意义》②）

如果你认为自己全部了解了，那就说明你一直都没有在听。（［法国］拉罗什富科，转引自杰纳兹，等，2006：159）

3. 摘句、摘语

算命先生算不准自己的命。

虚伪者不会说真话。

做坏事者总能找到借口。

（七）懒惰者

1. 成语、习语

懒汉借口多。　　　　　懒汉人懒，舌头不闲。

懒汉总嫌活太多。　　　猫儿喵喵叫，老鼠抓不到。

2. 摘句、摘语

那些懒惰的人最喜欢给自己找借口，他们就是拖沓，把今天的事拖到明天，明天的事拖到后天，一直拖下去。

（八）自负者

1. 成语、习语

唱独角戏　　　　发号施令　　　　逢人说项

---

① 新东方网（http://tool.xdf.cn/jdyl/result_demokelite2.html）．2020-7-8．

② http://app.71.cn/print.php?contentid=653239. 2020-7-8．

第六章 主体选择

强聒不舍　　　　好为人师　　　　好与人辩
呼风唤雨　　　　抢话筒　　　　　耍嘴皮子
曲高和寡
横挑鼻子竖挑眼。　　　　　人不嫌自丑,马不知脸长。
金钱说话,众口皆噤。　　　金钱开口,真理噤声。
谁出钱谁点戏。　　　　　　谁有钱谁就有发言权。
溪浅水声喧。　　　　　　　修养不深,高谈阔论。
谁最强大,谁说话总是最有分量。
最没本事的人最会吹牛。
骄傲的心碰上献媚的嘴,是非常危险的。

2．名篇、名言

聪明深察而近于死者,好议人者也;博辩广大危其身者,发人之恶者也。（［春秋］老子,载司马迁《史记·孔子世家》）

据我所知,鸟类中会说话的只有鹦鹉,而鹦鹉是飞不高的。（［美国］莱特兄弟[①]）

爱听好话的人易受诱惑。（［美国］威尔逊《关于虔诚的格言》[②]）

3．摘句、摘语

说话难听的人是没有教养的人,是没有同理心、同情心和不懂得尊重别人的人。

讲话直的人,人生经常费力不讨好,常常很痛苦。解决讲

[①] 百度知道（https://zhidao.baidu.com/question/544486417.html）．2020-7-8．

[②] https://www.zaoxu.com/zs/1906122596a54cdbb555cfd0.html．2020-7-8．

说话的艺术

话直有两个办法：一是好脸好话，二是不反驳别人的不同意见，最好首先点头说"对"，然后说"我再补充一点"。

喜欢发脾气的人，往往自以为是，不顾事实，好下结论。

好为人师是人的一种天性，这是一种以自我为中心的潜意识。

好为人师招人厌。

容易陷入无谓争斗的人的特征：正义感强，充满自信，有责任感，自尊心强，爱管闲事。

有的人专门喜欢表现得自己与别人意见不同，刻意标新立异。

有些人总喜欢通过装酷或者当面炫耀来获得对方的注意，其实这种方式是在告诉对方：你对我一定有需求，我也对你有企图。

（九）伤情者

1. 成语、习语
谈虎色变

2. 名篇、名言
泪眼倚楼频独语。双燕来时，陌上相逢否？　（［五代］冯延巳《鹊踏枝·几日行云何处去》）

暮雨相呼失，寒塘欲下迟。　（［唐］崔涂《孤雁》）

莫把幺弦拨，怨极弦能说。　（［北宋］张先《千秋岁》）

3. 摘句、摘语
盛怒中的人往往会失去理智，说话火气冲天，而且听不见别人的话；面对这种人，要说一些忍让和商量的话来满足他的自尊心。

（十）无主导

1. 成语、习语

吵吵嚷嚷　　　　人声鼎沸　　　　各持己见
各执一词　　　　人多嘴杂　　　　言人人殊
七嘴八舌
各吹各的号，各唱各的调。
你一言、我一语。
众说纷纭、莫衷一是。
听取群言来盖房，建好房屋准歪斜。

2. 名篇、名言

断肠片片飞红，都无人管，更谁劝，啼莺声住。（［南宋］辛弃疾《祝英台近·晚春》）

（十一）职场

1. 成语、习语

假传圣旨
一国有二君，政令难统一。

2. 名篇、名言

不在其位，不谋其政。（［春秋］《论语·泰伯》）

领导艺术在于使人信服。如果一个领导人说话枯燥无味，不能给人留下深刻的印象，就不能说服别人，因而就当不了领导。（［美国］尼克松《领导者》①）

---

① 百度文库（https://wenku.baidu.com/view/43e4805055270722182ef72c.html）．2020-7-8.

3. 摘句、摘语

有一个受过良好教育、才华横溢的年轻人,在公司里却长期得不到提升。他养成了一种嘲弄、吹毛求疵、抱怨和批评的恶习,无法独立自发地做任何事。在他看来,敬业是老板剥削员工的手段,忠诚是管理者愚弄下属的工具,他在精神上与公司格格不入,使他无法真正从职场受益。

在职场上喜欢发表意见、控制不好情绪的人,都会被贴上不成熟的标签。

越是会吹牛的人,其实越容易得到重用,尽管他早晚会露馅。

中国人为什么不容易沟通?就是因为我们非常的情绪化,情绪很不稳定,动不动就容易发脾气。

(十二)家庭

1. 成语、习语

公说公有理,婆说婆有理。

在家里叫个不停,却到别人家去下蛋的鸡不是好母鸡。

2. 名篇、名言

养不教,父之过。 ([南宋]《三字经》)

3. 摘句、摘语

讲话最毒的往往是最亲爱的人。

你对家人毒舌和不耐烦,是因为你觉得对亲近的人即使态度恶劣一点也不会抛弃你,如果是外人尤其是你的上司,你敢吗?

即使是最亲近的人,也得找个最恰当的方式说,不可伤人自尊。比如妻子觉得丈夫口臭,可以委婉地问:"你中午吃了什么好东西啊?"

第六章 主体选择

三、对"主体选择"的客观表述

(一) 表达

1. 成语、习语
呼朋引类　　　　游说四方　　　　话语权

2. 摘句、摘语
演说家是练出来的,诗人是天生的。

(二) 特征

1. 成语、习语
男人动手,女人动口。　　　女人往往口是心非。
蠢人用嘴巴讲,聪明人用心想。
吹号角者,未必皆猎人。

2. 名篇、名言
谏者福也,谀者贼也。（［西汉］司马迁《史记·龟策列传》）

君子之言寡而实,小人之言多而虚。（［东汉］刘向,转引自钱厚生,2010:191）

仁者恕在心,狡者恕在口。（［唐］《北山录》①）

君子扬人之善,小人评人之恶。（［唐］魏征,见吴兢

---

① 百度文库（https://wenku.baidu.com/view/5b4e0c1adcccda38376baf1ffc4ffe473368fdb6.html）.2020-7-8.

说话的艺术

《贞观政要·公平》①)

贫居闹市无人问,富在深山有远亲。 ([明]《增广贤文》)

3. 摘句、摘语

你的嘴就是你的风水。

你的嘴巴里说出什么样的语言,你就活在什么样的层次。

当你还没有实力和资本时,说再多又有何用?当你功成名就的时候,成绩还需要自己来说吗?

同样都是提反对意见,善于表达的人会把它包装得更像建设性意见,而不善于表达的人只会直接提出批评。

智者循理智说话,常人照经验说话,愚者按需要说话,畜生凭本能说话。

(三) 道理

1. 成语、习语

日出万言,必有一伤。

吃了人家的嘴软,拿了人家的手短。

路上行人口是碑。

2. 名篇、名言:

其身正,不令而行,其身不正,虽令不从。 ([春秋]《论语·子路》)

(四) 情感

1. 名篇、名言

我们爱听赞扬,但却配不上它;要想受之无愧,我们就必

---

① (http://www.dongliw.com/list.asp?ID=2735.). 2020-7-8.

须热爱赞美人和爱人。（［美国］罗杰斯①）

2. 摘句、摘语

命是弱者的借口，运是强者的谦辞。

交情不深不要掏心窝子，也不要去踩地雷，戒交浅言深，要学会试风向、测水温。

关系不深的时候，我们也没必要随喊随到，更不应该抢着去买单。

（五）职场

名篇、名言

千秋功罪，谁人曾与评说？（毛泽东《念奴娇·昆仑》）

（六）家庭

摘句、摘语

该由父亲出面来和孩子沟通的，就不应由母亲出面；如果由母亲出面来教育、引导孩子效果更好时，就不应由父亲出面；有时，需要父母同时和孩子好好沟通。

---

① 百度文库（https://wenku.baidu.com/view/aac40cedcd7931b765ce0508763231126fdb77e8.html）．2020-7-8．

第七章　客体对象

> 【本章导语】
> 　　我们应该和谁说话？我们怎样精准地寻找和选定我们说话沟通的对象？或者说，我们怎样培养和打造我们说话沟通的对象？这些都是我们说话沟通成功与否的前提和基础。否则，我们就会陷入"对牛弹琴"的泥淖。

一、"客体对象"比较精准

> 【经典故事】
> ### 列宁"你说出了我想说的话"
> 　　列宁在与高尔基争论一个问题。高尔基认为：苏维埃政权对敌人的镇压太残酷了。列宁认为高尔基的观点是错误的。这时，彼得堡一个老工人来见列宁，向列宁报告敌人的猖獗活动，并说，如果不向富农作斗争，苏维埃政权就无法维持。列宁看看高尔基，对那位工人说，那样有人会说我们"太残酷了"。老工人激动地反驳道："残酷的不是布尔什维克，而是富农，他们到处烧杀……"

第七章 客体对象

> 【简要述评】
> 列宁没有直接批评高尔基,而是借用老工人的嘴,用"你说出了我想说的话"来间接地批评他,最终使高尔基认识到自己观点、立场的错误。

(一) 泛指

1. 成语、习语
八方呼应
世上没有不透风的墙。　　　　人前放屁看风色。
取悦民众比取悦上帝更重要。

2. 名篇、名言
独立扬新令,千营共一呼。 ([唐] 卢纶《塞下曲三首》)

布衣中,问英雄,王图霸业成何用? ([元] 马致远《拨不断·叹世》)

让别人来称赞比自己称赞好。 ([古希腊] 德谟克利特,转引自李华木,2000:17)

对任何一个人都要恰当地说话,不矫揉造作,言辞简明扼要。 ([古罗马] 马可·奥列留·安东尼《沉思录》①)

对一个人谈他自己,他会听上数小时。 ([英国] 本杰明·迪斯雷利,转引自卡耐基,1987:111)

在处理人与人的关系中,我们永远不要忘记,我们交往的

---

① 腾讯网(https://new.qq.com/omn/20200331/20200331A0GWA200.html). 2020-7-8.

对象是渴望被赞赏的人。（［美国］卡耐基，2011b：24）

3. 摘句、摘语

按照他人的兴趣确定你的话题，会让双方都获益。

当回答任何一位成年人时，你必须说"是的，某某女士"或者"不是的，某某先生"，仅仅点点头或只说"是"与"不是"都是不礼貌的。

和群众打交道的5种方式：交友式、直接式、求同式、自然式、迂回式。

即便是口风紧的人，只要多陪他喝几杯，他也会放下戒备吐露真言。但在聚会时自己千万不能喝醉，以免说错话或与人吵架。

人是容易受到周围人影响的生物，所以我们需要有独处的时间坦率面对自己，保证经常抽离自我、与自我进行对话。独处时，如果用来看电视或玩手机，也不可能实现自我对话。

（二）异性

1. 名篇、名言

唯女子与小人为难养也，近之则不逊，远之则怨。（［春秋］《论语·阳货》）

身无彩凤双飞翼，心有灵犀一点通。（［唐］李商隐《无题》）

杨柳青青江水平，闻郎江上唱歌声。东边日出西边雨，道是无晴却有晴。（［唐］刘禹锡《竹枝词》）

问杜曲，人家在否？恐翠袖，正天寒，犹倚梅花那树。（［南宋］张炎《月下笛·万里孤云》）

幽情欲向嫦娥诉，无那虚廊月色昏。（［清］曹雪芹《红楼梦·咏白海棠》）

第七章 客体对象

谁在患难中把他的情人抛弃，千万不要相信他的甜言蜜语。（［伊朗］萨迪，转引自李华木，2000：367）

一对敏感而善解人意的耳朵，比一对会说话的眼睛使一个女人更讨人喜欢。（［美］卡耐基，2011a：244）

2．摘句、摘语

你可以赞美女人的美丽、修养、能力和善解人意等。

赞美恋人时，要大方地赞美，具体地夸奖，措辞得当。

初次与恋人谈话，在理想上要谈得远大些、实际些，在感情上要情真意切些，在情态上要表现得诚恳、稳重，在感情流露上要含蓄，在学识上要表现得渊博。

如果碰上了有疑心病的人或者醋坛子，你就应该大声说话，不要窃窃私语，免得背黑锅。

女孩子哭，大多不是因为委屈，而是希望引起你的注意。她哭的时候就应该解决好，不要让她发展到"闹"和更坏的后果。

女人的软肋是容貌，不能对她说："你怎么这么丑？你太不讲究了！"

女人后悔和你在一起，通常会有如下表现：抱怨你和你的家人，对你不留情面，总是用恶毒的语言伤害你，做事不顾及你的感受，彼此之间界限分明。

男人的软肋是输赢，不能对他说："你怎么这么没本事？""你配不上我！""我当初真是瞎了眼！"

男人后悔和你在一起，通常会有如下表现：从不正眼瞧你，从不对你笑，经常言语敷衍你，你做什么都是错，从不带你去见他的亲戚朋友。

说话的艺术

（三）对方

1. 成语、习语

客随主便　　　　客听主便

2. 名篇、名言

韶华休笑本无根，好风凭借力，送我上青云。（［清］曹雪芹《红楼梦·柳絮词之临江仙》）

借问君去何方，雀儿答道：有仙山琼阁。（毛泽东《念奴娇·鸟儿问答》）

借问瘟君欲何往，纸船明烛照天烧。（毛泽东《七律二首·送瘟神》）

如果你要别人同意你的观点，必须遵循的规则是：使对方多多说话。（［美国］卡耐基①）

3. 摘句、摘语

医患沟通中，首先要帮对方打消顾虑，才能进行融洽的交流。

要想说服对手，就要"坐到一条板凳上"，先服其心，再服其力。

要想有效地与人交流，我们必须记住，每个人眼里的世界都是不一样的，而且我们必须把这一点当作与人交流的指南。

要想使顾客高兴、愿意买你的东西，就必须说出优待措施，给顾客带来特殊感、荣耀感。

如果顾客真闹上情绪了，这时候最好的办法就是把他请到一边去，单独谈，以免把事儿闹大。

---

① 百度文库（https://wenku.baidu.com/view/8b318d1bbe23482fb5da4c2f.html）．2020-7-8.

第七章 客体对象

排队时遇上急躁的顾客，你应该真诚地道个歉，解释一下你们正在尽力而为，微笑能暂时缓和顾客的情绪。还可以及时把顾客的不满告诉老板，让老板考虑其他办法来节省顾客的时间。

对少数蛮横无理的顾客，平息风波的较好方式就是勇敢地站出来，主动承担责任，以自责的方式来以柔克刚，以免正面冲突。

如果对方喜欢插话，还答非所问，你最好的办法就是要一口气把话说完，或者用微信、文字沟通即可。

分化瓦解，各个击破。

如果你看见推销员拿支香水样品走近你，准备往你身上喷，你应该对他说"不用，谢谢"，最放肆的推销员一般也会住手。

（四）朋友

1．成语、习语

交口称誉

如闻其声，如见其人。

讨论秘密，只限两人。

天知地知，你知我知。

真人面前不说假话。

2．名篇、名言

岐王宅里寻常见，崔九堂前几度闻。正是江南好风景，落花时节又逢君。（［唐］杜甫《江南逢李龟年》）

劝君莫做独醒人，烂醉花间应有数。（［北宋］晏殊《木兰花·燕鸿过后莺归去》）

为君持酒劝斜阳，且向花间留晚照。（［北宋］宋祁

说话的艺术

《玉楼春·春景》)

　　酒逢知己饮,诗向会人吟。([明]《增广贤文》)

　　知音说与知音听,不是知音莫与弹。([明]《增广贤文》)

　　朋友也是说好话的多,所以真肯提你缺点的人,倒是你难得的好友。(盖叫天,转引自李华木,2000:3)

　　当一个朋友抱怨,即使是无理地抱怨时,也不能漠然置之,而是要试图使他恢复冷静。([古罗马]马可·奥列留·安东尼《沉思录》①)

　　只有对朋友,你才可以尽情倾诉你的忧愁与欢乐、恐惧与希望、猜疑与劝慰。([英国]培根,转引自李华木,2000:3)

　　动物是极易相处的朋友,他们不提问、也不批评。([英国]艾略特②)

　　真正的快乐是退隐的,他是夸耀和喧嚣的敌人,他首先起于一个人对自我的欣喜,其次则起于友情以及与几位选择性的朋友的交谈。([英国]约瑟夫·艾迪逊,转引自卡耐基,1987:179)

　　和你一同笑过的人,你可能把他忘掉;但是和你一同哭过的人,你却永远不会忘。([黎巴嫩]纪伯伦③)

　　真正的朋友应是相互支持的,不应在背后揭人短处或诋毁

---

①　金句吧(https://www.jinju8.com/ju/ntky). 2020-7-8.

②　爱个性(http://www.aigexing.com/shuoshuo/33264132.html). 2020-7-8.

③　百度知道(https://zhidao.baidu.com/question/117961011.html). 2020-7-8.

中伤,更不应该拖人后腿。([美国]马登,等,2013:38)

在我们遭受别人的误会与谴责时,只有朋友能坚信我们的清白,并始终激励我们要尽力而为。朋友之间的信赖和忠诚是驱策我们奋进的永动机。([美国]马登,等,2013:49)

让朋友的生命充满甜蜜,在他们耳朵还能听到、心灵还会悸动时说些赞许、鼓励的话。([美国]亨利·华德·必彻,转引自卡耐基,1987:129)

亲密朋友的珍贵之处,就是可以无所不谈。([美国]爱默生,转引自李华木,2000:6)

3. 摘句、摘语

任何一个肯花费时间与你争论的人,事实上和你一样关心争论的事情。他们确实想帮你才与你争论,要对他们表示感谢,这样就会化敌为友。

朋友跟你诉苦、跟你发泄的时候,他其实很多时候就是把情绪给发泄、倾吐出来就好了,不一定是要你帮他出什么主意。

室友或家人打扰到了你的生活习惯或私人空间,你们应该开诚布公地好好商量,想出办法该怎么样互相调整和配合。

"不要想太多""一切都会过去的",是我们安慰别人最常见也最没用的话。你应该引导他认真想一想:目前他遭受的困苦在若干年后可能带给他的经验和帮助。

你说出了我想说的话。

真心骂你的才是朋友。

(五)师生

1. 名篇、名言

有教无类。([春秋]《论语·卫灵公》)

必有耻,则可教。闻过,则可贤。 ([北宋]周敦颐,转引自钱厚生,2010:14)

能受善言,如市人求利,寸积铢累,自成富翁。 ([明]陈继儒《安得长者言》)

道吾好者是吾贼,道吾恶者是吾师。 ([明]《增广贤文》)

同君一席话,胜读十年书。 ([明]《增广贤文》)

教育之于心灵犹如雕刻之于大理石。 ([美国]爱迪生①)

2. 摘句、摘语

对于差生,你应该说他们是那种还不知道怎么把自己的成绩变好的学生,因为这里面含有强烈的期待。

老师的好话,对于不自信的学生来说是厚礼。

(六) 陌生人

摘句、摘语

不要和陌生人说话,尤其网上的搭讪,主要是防止泄漏重要信息。女孩子与陌生人交往时,一定要把约会的地址告诉家人或朋友,并在结束时及时通报自身的安全。

和陌生人交谈时,最好先投石问路,套套近乎。

要想让一位陌生人帮你,不妨从与他交谈开始。

(七) 聪明人

1. 成语、习语

不言而喻　　通情达理

---

① 名言通(https://www.mingyantong.com/ju/23801). 2020-7-8.

第七章　客体对象

聪明人一点就通。
智者当差不用交代。　　　　　对智者半句话足矣。
对于聪明人，寥寥数语足矣。　流言止于智者。
谣言止于智者。　　　　　　　猫头鹰唱歌时，夜莺屏息。
善听者，半句足。　　　　　　说者无意，听者有心。
同声相应，同气相求。　　　　正在吃食的狗不叫。
响鼓不用重擂。　　　　　　　响鼓不用重槌敲。
众人聆听忠告，唯独智者获益。

2．名篇、名言

分析为常理，孰能不听求？（［古印度］马鸣《佛所行赞》①）

谁都可以得到建议，但只有聪明人能从中受益。（［美国］赛勒斯，转引自杰纳兹，等，2006：459）

3．摘句、摘语

在社交场合受大家欢迎的人，并不仅仅在于他能说会道，而重要的是他会听。如果只顾自己讲，不想听对方说，那么他一定是交谈中的自私者，当然也是不受欢迎的。

只要意见提得对，无论谁提都没关系。

最有价值的人，就是听到话而不说出来、放在自己心里的人。

（八）优秀者

1．成语、习语

如雷贯耳　　　　　　　众星捧月

---

① 道客巴巴（https://www.doc88.com/p-0324730503936.html）．2020-7-8．

说话的艺术

若要好，问三老。　　　　凡事要好，须问三老。
要想得忠告，请教老年人。

2．名篇、名言

士可杀不可辱。（［西汉］《礼记·儒行》）

松下问童子，言师采药去。（［唐］贾岛《寻隐者不遇》）

问客何为来，采山因买斧。（［唐］韦应物《长安遇冯著》）

欲投人处宿，隔水问樵夫。（［唐］王维《终南山》）

烟销日出不见人，欸乃一声山水绿。（［唐］柳宗元《渔翁》）

紫陌红尘拂面来，无人不道看花回。（［唐］刘禹锡《元和十年自朗州召至京戏赠看花诸君子》）

问仙子何争？樵叟忘归。（［元］薛昂夫《蟾宫曲·题烂柯石桥》）

一从陶令评章后，千古高风说到今。（［清］曹雪芹《红楼梦·咏菊》）

君今不幸离人世，国有疑难可问谁？（毛泽东《七律·吊罗荣桓同志》）

上帝立誓要抬举的正是那些甘居人后的真正的谦卑者。（［英国］约·基布尔《在胡克的墓旁》①）

阅读一切好书，如同与过去最杰出的人物谈话。（［法国］笛卡儿②）

同一个能够启发我们生命中最美、最善部分的人相交的机

---

① http://www.jingcai360.net/juzi/77667.html. 2020－7－8.
② 语文迷（http://www.yuwenmi.com/ju/587167.html）. 2020－7－8.

会,其价值远胜过发财获利的机会,它能使我们的力量增加百倍。 ([美国]卡耐基①)

3. 摘句、摘语

拜访重量级人物时,一定要眼观六路,找准话题之后再开口。

当你需要别人给你提建设性意见的时候,你可以给他假设某个具体的角色身份,这样对方才便于从某个角度给你提出意见。

在高手面前装懂是没用的,只会自曝其短,最好就是珍惜机会,好好把道理听懂。

如果身边有非常努力或已取得成功的人,你不妨诚恳地向他请求指教,否则,无谓的自尊心只会成为你的绊脚石。

(九) 专业人士

1. 成语、习语

不吠之狗最危险。

不吠之犬需提防,静水危险要小心。

不要教鱼游泳。　　　　要知前方路,须问过来人。

骨头打狗狗不叫。　　　不要对医生隐瞒自己的病情。

教老狗耍把戏太难。

2. 名篇、名言

观于海者难为水,游于圣人之门者难为言。 ([战国]《孟子·尽心上》)

明月几时有?把酒问青天。 ([北宋]苏轼《水调歌

---

① 豆瓣读书(https://book.douban.com/people/taiyuancy/annotation/1056295/). 2020-7-8.

说话的艺术

头》）

问讯吴刚何所有，吴刚捧出桂花酒。（毛泽东《蝶恋花·答李淑一》）

陶令不知何处去，桃花源里可耕田？（毛泽东《七律·登庐山》）

纤笔一枝谁与似？三千毛瑟精兵。（毛泽东《临江仙·给丁玲同志》）

（十）麻烦者

1. 成语、习语

不要同一个傻瓜去争辩，否则别人会搞不清到底谁是傻瓜。

宁与无赖吵架，不与傻瓜吵架。

过街的老鼠到处有人喊打。

魔鬼喊门慎莫开，开门必有灾祸来。

你若答应背小牛，人家连母牛也要你背。

2. 名篇、名言

自暴者不可与有言也，自弃者不可与有为也。（［战国］《孟子·离娄上》）

虎生犹可近，人熟不堪亲。（［明］《增广贤文》）

入山不怕伤人虎，只怕人情两面刀。（［明］《增广贤文》）

寄言纨绔与膏粱，莫效此儿形状。（［清］曹雪芹《红楼梦·西江月·批宝玉二首》）

自无再与日本直接交涉之理。（孙中山，转引自白运增，2011：52）

有一些在推心置腹时所说的私房话，日后有被知己用来作

为武器的危险。（［法国］罗曼·罗兰，转引自李华木，2000：11）

只要听到有人在贬低别人，你就应该马上警惕起来，告诫自己不要和这种人交往，除非你能帮他改过。（［美国］马登，等，2013：38）

同意你讲的一切的人，不是傻瓜就是准备着要剥你的皮。（［美国］哈伯特①）

3．摘句、摘语

对你议论别人的人，也一定会背后议论你。

不要因愤怒而与小人辩驳或发生正面冲突，而要灵活利用对方的力量来让局面朝着对自己有利的方向发展。

你若要与人结仇，只需借钱给他，再催逼他还钱。

喜欢图一时之快嘲笑别人、伤害对方自尊心的人，都有一个通病，那就是欺善怕恶。面对这种自以为口才很好却令人讨厌的人，你既不要随便示弱，也无须自我降格去和他针锋相对。

一定会有人利用你和他人之间的矛盾挑拨离间，从你这里来获取信息去告诉对方，又从对方那里获取信息来告诉你，这样两边讨好，甚至达到不可告人的目的。

口是心非之人不可交，说长道短之人不可敬。

当你遇到了很强势的人，只要没有触碰到你的底线，你不妨大度一点，干脆把那个无谓的胜利送给对方。

为自己找借口的人永远不会进步。

---

① 生活日记网（https://www.telnote.cn/gexingqianming/34/33863.htm）．2020－7－8．

（十一）其他人

1. 成语、习语

患难之人不可欺。　　　　当着矮人，别说矮话。
当着真人别说假话。　　驴子摇耳朵，傻瓜装聪明。
不要让别人的热粥烫伤你的嘴唇。
好人越夸越好，坏人越夸越糟。
捕捉兔子用猎狗，对付傻子用夸奖，勾引女人用黄金。

2. 名篇、名言

将叛者其辞惭，中心疑者其辞枝，吉人之辞寡，躁人之辞多，诬善之人其辞游，失其守者其辞屈。（［周］《周易·系辞下》，邓球柏，1993：480）

道不同不相为谋。（［春秋］《论语·卫灵公》）

聋者，无以与乎钟鼓之声。（［战国］《庄子·逍遥游》）

不足为外人道。（［东晋］陶渊明《桃花源记》）

欺老莫欺少，欺少心不明。（［明］《增广贤文》）

对那些不值得信任的人不要存有幻想。（［意大利］达·芬奇，转引自李华木，2000：1）

莫与长辈争论，而应谦虚地对别人提出自己的见解。（［美国］华盛顿，转引自卡耐基，1987：103）

3. 摘句、摘语

培养谈话能力的第一步，就是学会和意见不同的人融洽相处。

不为邪淫之人而说。

遇到腼腆的人，应主动寻找话题，消除对方的紧张感。

和沉默寡言、行动迟缓或深藏不露的人打交道时，尽量主动摸清他的真实意图,避免迂回式的谈话。

和有些自恋、顽固不化或傲慢无礼的人打交道时,应开门见山,细心耐心一点,以办成事为原则。

和有些糊涂、草率决断的人打交道时,应按部就班、有章有法。

和有些自私自利的人打交道时,不妨顺水推舟、投其所好。

瘸子面前不说短,胖子面前不提肥,东施面前不言丑,对别人的缺陷和伤心事应避而不谈。

劝说有轻生念头的人,不要轻易批评他的想法多么愚蠢。你一定要站在对方的角度,用与对方相同的感受去分析问题。

只要改个名字,这个故事讲的就是你,情况与你完全相符。

(十二)职场

1. 领导

(1)名篇、名言

拟之而后言,议之而后动,拟议以成其变化。 ([周]《周易·系辞上》)

临事不信于民者,则不可使任大官。 ([春秋]管仲《管子·立政》)

一个人如果会听话,就会知人;会知人,就会用人;用对人,事情就解决一大半了。 (曾仕强,2014:58)

(2)摘句、摘语

在和老板或上司聊天时,你们依然是上下级关系,向他们"请教问题"是绝对不会出问题的。

上司往往对一些特殊的信息或者保密的信息十分感兴趣。

说话的艺术

　　领导在非工作时间找你聊，就是想解决孤单或寂寞，但你要保护好自己，断了对方的非分之想。比如外出吃饭、喝酒，一定要告诉对方你已经提前联系好你的家人或朋友来接送你。
　　你已经够忙了，老板还常常给你加码，这时你可以要求老板派给你几个帮手或者推迟三、五天完成任务。
　　跳槽并向新单位讲你离职的原因时，应讲一些客观的外在因素，不要让对方认为是你的工作能力和工作态度有问题。
　　与脾气暴躁的领导沟通的最好办法就是四个字：文字沟通。可以发短信、微信等，并注意言简意赅、礼貌周全。
　　在上司或员工、异性面前，你应该找出一个在他们心目中自己已经预设好的答案，这会让对方欢喜无比。
　　不要与你的老板吵架而砸掉自己的饭碗。
　　领导或同事生病时，其实他们并不希望你看到他们身穿病号服的糟糕样子。你可以寄鲜花、书、贺卡表明你在关心他，希望他早日康复。而且病人容易感觉疲劳，电话交谈时间也不宜过长。另外，除非关系很好，否则不宜打听他的病情。
　　对待健忘的老板，如果事情并不着急的话，可以等两三天再提醒他。
　　你老板的配偶常常在下班前来接他，边等还边和你聊天，使你无法完成你的工作。那你就可以给她一份杂志，搬一把椅子离你工作的地方稍远一点，说声"抱歉，太忙呐！"当然，有时候招待她就是你的工作，直到你的老板带她离开为止。
　　挨骂的都是"家人"，不挨骂的只是"路人"。在职场，这可是不同利益阵营的区分。
　　如果小孩在服装店里乱跑，将挂着的衣服碰到地上弄脏了，你应该向家长而不是小孩说清楚，要他们管好孩子，免得弄坏店里的东西要赔偿。

2. 同事

（1）名篇、名言

待同僚，则互相规劝；待下属，则再三训导。（［清］曾国藩《劝诫浅语十六条》①）

（2）摘句、摘语

给一名新人布置工作时，要做到：领导讲一遍，让下属复述一遍内容，再让下属谈自己的理解、谈对可能遇到困难的预估、谈有没有替代方案。

分配任务时，面对热爱工作的下属，你要夸他是专家；而对注重利益的下属，你要挑明可能的丰厚回报；如果下属缺乏信心，可以拍拍他的肩膀；对年纪大的下属，要谦虚有礼、嘘寒问暖。

和下属谈话了解情况时，不要急于表态，可以用"我再仔细考虑一下"来结束谈话。

面对"90后"女下属，要恩威并施，既表扬又批评。

如果想把打算跳槽的优秀员工留下来，首先就要封锁消息，再找员工好好谈，为他排忧解难，尽量争取留住他。

如果同事是领导的亲戚，假如领导和同事都没有挑明他的身份，你就要装作不知道，该怎么相处就怎么相处。

调解下属之间的纠纷时，要春风化雨、公正无私、以理服人；或热处理、或冷处理、或暂时不处理，或单刀直入、或侧面入手、或似退实进。

要想让下属真正提出有针对性的意见，采取一些诸如匿名提建议的方式，效果可能会更好些。

---

① 东方资讯（http://txw.eastday.com/a/190327203540368.html）.2020-7-8.

说话的艺术

要让下属听从你的命令,你必须称赞他、给予他情感保障,并让他觉得工作有意思、值得做。

对下属表示感谢的一个很好的办法就是关心一下他的业余生活,也可以给他放一两天假。最重要的是你要亲口告诉他,你很感谢他所做的努力,这是任何礼物都无法相比的。

应对职场上"八卦"之人的最好办法就是:保持神秘感。

如果你不满意下属的工作,你也有责任私下找他谈谈你不满意的地方,告诉他要改进的地方和原因。然后,准确告诉他你的期望,最后问他有何意见。过两周后再找他私下谈谈,如果有进步,就多加鼓励;如果没改进,再给两个星期让他调整。两星期后,要么表扬他的进步,要么建议他另谋高就。

(十三) 家庭

1. 亲子

(1) 成语、习语

童言无忌

孩子生而不教,不如不生。

小孩嘴里讨实话。　　　　　小儿嘴里出真言。

(2) 名篇、名言

故当不义,则子不可以不争于父,臣不可以不争于君。(《孝经·谏诤章》)

寄言众儿女,何必觅闲愁。 ([清] 曹雪芹《红楼梦·警幻仙姑歌辞》)

我说的话儿你全不信,只叫你去背地里细打听,才知道我疼你不疼! ([清] 曹雪芹《红楼梦·第二十八回》)

弥拉还是孩子,你更得优容些,多用善言劝导,多多坐下来商量,切勿遇事烦躁,像我这样。 (傅雷,转引自傅敏,

2004：239）

对孩子们来说，父母的注意和赞赏是最令他们高兴的。（［美国］卡耐基，转引自李华木，2000：49）

（3）摘句、摘语

孩子有什么问题，家长和小孩都要主动与老师沟通。

孩子知道犯错的后果，只会惧怕惩罚；只有让孩子知道犯错的因果，他才能学会自律。

孩子总想买新玩具，而你可能负担不起，你不必过多指责孩子，而应和孩子商量向谁借钱或限定他购买的数量与金额。

在孩子面前，我们要注意我们所说的话，要给他们好的影响。

说服父母的唯一办法就是以平等的心态诚恳地对话。

2．家人

（1）名篇、名言

但我们深信，恋人的话语有时比父母的忠言有效得多，而事实上也只有两人长相厮守，才能帮得了身旁的伴侣。（傅雷，转引自傅敏，2004：202）

（2）摘句、摘语

儿媳妇要拿婆婆当老板，你平时怎么哄老板就怎么哄老太太。婆婆要拿儿媳妇当学生，学生有错老师肯定得说，但不能打骂。

和长辈或晚辈开玩笑时，忌轻佻放肆，特别忌谈男女情事。

开口就说对方感兴趣的话题，因为大多数人只对与自己有关的问题感兴趣，无关的事情则当耳边风。尤其是第一次在准岳父岳母面前，就得聊他们关心的话题，多体现你的责任感和人情味。

说话的艺术

夫妻间要多安慰、多商量、少泄气，用情爱语言可以直抒爱意；要充满幽默，多体贴关心。

伴侣吃醋，可能是不自信、自卑，也可能是生气对方的不忠贞、专一。可以吐槽伴侣的假想敌，或反过来吃对方的醋，或把吃醋变成秀恩爱，让对方产生安全感。

你的另一半总想知道你过去的事，该不该向他坦白呢？这要看他（她）是想了解你还是想"控制"你，再决定怎么样坦白。

平时可以多夸夸你的伴侣，让对方有安全感，然后针对对方的缺点再提出一些建议，他（她）就会更容易接受。

新"三从四德（得）"：太太说话要服从，出门要跟从，命令要盲从；太太眼神要懂得，花钱要舍得，责骂要受得，啰唆要忍得。

在家里不要和爱人斗嘴，在马路上不要和交警斗法，在单位不要和领导斗气。

有的伴侣太过强势，另一半经常不得不用谎言来化解冲突，而当谎言被揭穿时，可以这样道歉："对不起！之前没勇气跟你说实话，想着多一事不如少一事，为了图方便，所以说了谎。以后有任何问题，我都会跟你如实商量，一起面对。"

一个成功的丈夫背后总有一个安静的、不多说话的、温柔可爱的妻子。

第七章 客体对象

二、"客体对象"不够精准

【经典故事】

东方朔指桑骂槐

传说汉武帝晚年时,很希望自己长生不老。一天,他对侍臣说:"相书上说,一个人鼻子下面的人中越长,命越长。人中长一寸能活百岁。不知是真是假?"东方朔感到汉武帝的长生不老梦非常可笑。汉武帝见东方朔似有讥讽之意,面有不悦,喝道:"你怎么敢笑话我?"

东方朔脱下帽子,恭恭敬敬地说:"我怎么敢笑话皇上呢?我是笑彭祖的脸太难看了。"汉武帝问道:"你为什么笑彭祖呢?"东方朔说:"据说彭祖活了八百岁,如果真像皇上刚才说的,人中就有八寸长,那么他的脸不是有丈把长吗?"汉武帝听了也大笑起来。

【简要述评】

东方朔批评汉武帝的愚昧、讽刺汉武帝的长生不老美梦,是通过嘲笑彭祖来完成的,可以说是在指桑骂槐;汉武帝在谈笑中也接受了东方朔的批评,从而认识到相书上的无稽之谈和荒谬推论。

说话的艺术

（一）态度不够端正

1．成语、习语

指桑骂槐　　　　指鹿为马　　　　王婆骂鸡
不值一提　　　　无人问津　　　　一傅众咻
哄堂大笑　　　　舌敝耳聋　　　　人言可畏
唱对台戏　　　　唱反调

响鼓也要重槌敲。　　　　　　话不投机半句多。
一只耳朵进，一只耳朵出。　　左耳进、右耳出。
两人成伴，三人不欢。　　　　谋士多、保安全。
好心当成驴肝肺。　　　　　　恩典不可强授。
呼之即来、挥之即去。　　　　开口求人难。

2．名篇、名言

忠告而善道之，不可则止，勿自辱焉。（［春秋］《论语·颜渊》）

长者虽有问，役夫敢生恨？（［唐］杜甫《兵车行》）

徒言桃李树，此木岂无阴？（［唐］张九龄《感遇二首》）

人善被人欺，马善被人骑。（［明］《增广贤文》）

我现在讲一句，你们没有资格在中国的面前说，你们从实力的地位出发同中国谈话。（杨洁篪[①]）

如果你对每只向你吠的狗都停下来扔石头，你永远到不了

[①] http://v.cctv.com/2021/03/19/VIDEGOFIOQxWSOSPXxAaK1Jw210319.shtml. 2021-3-25

目的地。（[英国]丘吉尔①）

即使最友好而又互相器重的人们之间，如果畅谈了自己的想法，就可能终生为敌。（[法国]杜克洛，转引自李华木，2000：13）

不要老谈自己微小的成就来令人厌烦，请让我们鼓励别人多谈吧。（[美国]卡耐基，1987：120）

3. 摘句、摘语

谁信你那一套？

和不会说话的人聊天，感觉就是在上刑。

想要窥探你秘密的人，实际上就是小偷。你没有任何义务把隐私坦白出去讨好别人，否则别人会认为你是个大傻瓜。

（二）了解不够深入

1. 成语、习语

对牛弹琴	鸡同鸭讲	白费口舌
问道于盲	交浅言深	和盘托出
班门弄斧	孔门卖文	聚讼纷纭
两头受气	杳无音信	与虎谋皮

夏虫不可语冰。　　　　　　不与夏虫语冰。

对着一棵错误的树大叫。

不能拿蜂蜜喂驴。　　　　　春风刮/过驴耳。

动听的言辞对饿汉毫无意义。饿汉听不进忠告。

轻信的人容易受骗。　　　　轻信者易上当。

求爷爷告奶奶。　　　　　　问道于盲，无益于事。

---

① 新浪看点（http://k.sina.com.cn/article_1939716980_739dbb7404000oput.html?from=mood）. 2020-7-8.

与死人对话，白费口舌。　　一狗吠声响，狗吠满街坊。
一问三不知。　　　　　　　一愚发问、七智结舌。
鹅听狐狸言，灾难在眼前。
狗咬吕洞宾，不识好人心。
跟傻子开玩笑，自讨没趣。
跟驴子开玩笑，驴子会用尾巴抽打你的脸。
任凭雨打芭蕉叶，无耳之人总不知。
是非吹入凡人耳，万丈黄河洗不清。

2．名篇、名言

知我者谓我心忧，不知我者谓我何求。（［周］《诗经·王风·黍离》）

凭谁问：廉颇老矣，尚能饭否？（［南宋］辛弃疾《永遇乐·京口北固亭怀古》）

淮山春晚，问谁识，芳心高洁。（［南宋］周密《瑶花慢》）

站在十字路口的爱丽丝对一只小猫说："柴郡猫，请你告诉我，我应该走哪条路，好吗？"（［英国］《爱丽丝梦游仙境》，转引自杰纳兹，等，2006：354）

3．摘句、摘语

在大众的眼里，谁讲的话能产生好处，谁的话就是真理。

不同认知层次的人是很难沟通的。

对于听众而言，只有他知道的和他擅长的才是正确的。否则，即使你讲得头头是道，他们也会怀疑。

谎言越大，信的人越多。

两条狗一定会为一根骨头而争。

（三）情感不够阳光

1. 成语、习语

爱吵架者无好邻。

2. 名篇、名言

问之不肯道姓名，但道困苦乞为奴。（［唐］杜甫《哀王孙》）

寻声暗问弹者谁，琵琶声停欲语迟。（［唐］白居易《琵琶行》）

泪眼问花花不语，乱红飞过秋千去。（［北宋］欧阳修《蝶恋花》）

清愁不断，问何人会解连环。生怕见，花开花落，朝来塞雁先还。（［南宋］辛弃疾《汉宫春·立春》）

胜绝，愁亦绝，此情谁共说？唯有两行低雁，知人倚，画楼月。（［南宋］范成大《霜天晓角》）

消瘦损，凭谁问？只花知，泪空垂。（［南宋］韩元吉《六州歌头·东风著意》）

休说鲈鱼堪脍，尽西风，季鹰归未？求田问舍，怕应羞见，刘郎才气。（［南宋］辛弃疾《水龙吟·登建康赏心亭》）

（四）思想不够开放

1. 成语、习语

累教不改　　屡教不改　　棉花耳朵
众怒难犯
老狗难改吠声。

2. 摘句、摘语

那些喜欢啰唆的人,你批评他一万次,他也会不断地重犯。

(五)职场

1. 成语、习语

唯命是从　　　　　　　　　在商言商
敌人的嘴里没有好话。
卖瓜的说瓜甜,卖醋的说醋酸。
王婆/老王卖瓜,自卖自夸。
三句话不离本行。　　　　　赶牛者总谈论牛。
鞋匠总谈楦头,水手总谈桅杆。
秀才见了兵,有理说不清。

2. 名篇、名言

淮阴市井笑韩信,汉朝公卿忌贾生。 ([唐]李白《行路难二首(其二)》)

志小不可以语大事。 ([南宋]陆九渊《陆象山先生语录》①)

问苍茫大地,谁主沉浮? (毛泽东《沁园春·长沙》)

在处理人际关系时要记住:我们所要应付的人并不总是理性的,恰恰相反,他们常常是带着傲慢、偏见和虚荣的情绪化的动物。 ([美国]卡耐基,2011b:11)

3. 摘句、摘语

有的人花言巧语,看起来对你挺好,但背后捅刀子一点都

---

① 可可诗词(https://www.kekeshici.com/mingyanmingju/chushi/lizhi/25954.html). 2020-7-8.

第七章　客体对象

不含糊。

管天管地，管不了拉屎放屁。

（六）家庭

1．成语、习语

爱吵架的姑娘嫁不出去。

2．名篇、名言

打起黄莺儿，莫叫枝上啼。啼时惊妾梦，不得到辽西。（［唐］金昌绪《春怨》）

但见新人笑，哪闻旧人哭。（［唐］杜甫《佳人》）

便纵有千种风情，更与何人说。（［北宋］柳永《雨霖铃》）

万般方寸，但饮恨，脉脉同谁语。（［北宋］柳永《采莲令》）

凭寄离恨重重，这双燕，何曾会人言语。（［北宋］赵佶《燕山亭·北行见杏花》）

恨无人，与说相思，近日带围宽尽。（［南宋］陆淞《瑞鹤仙·脸霞红印枕》）

窗间月，檐外铁，这凄凉对谁分说？（［元］卢挚《寿阳曲·夜忆》）

三、对"客体对象"的客观表述

（一）了解

1. 成语、习语

因人施言　　　　　　　众口难调
对什么人说什么话。　　犬之所吠，并非皆贼。
酒逢知己千杯少，话不投机半句多。
不要过于相信别人讲什么，要相信自己的感觉。

2. 名篇、名言

与智者言，依于博；与拙者言，依于辩；与辩者言，依于要；与贵者言，依于势；与富者言，依与高；与贫者言，依于利；与贱者言，依于谦；与勇者言，依于敢；与过者言，依于锐。（［战国］鬼谷子《鬼谷子·权篇》[①]）

判断一个人当然不是看他的声明，而是看他的行为，不是看他自称如何如何，而是看他做些什么和实际是怎样的一个人。（［德国］恩格斯《德国的革命和反革命》[②]）

3. 摘句、摘语

劝说别人尝试新事物时，如果对方是个开拓型的人，那你一开始就可以把事情的好处说到位，做好"加法"；但如果对

[①] 个人图书馆（http://www.360doc.com/content/19/1017/14/25614_867426043.shtml）.2020-7-8.

[②] 新东方网（http://tool.xdf.cn/jdyl/result_engesi40.html）.2020-7-8.

方比较谨慎，那就应该做"减法"，让对方迈出第一步再说。

与人交谈时，要根据不同的对象和场合变化，来调整你的语气、用词、情感、技巧和内容。

（二）判断

1．成语、习语

是非难逃众口。　　　　　是非自有公论。

传闻往往言过其实。

说我们好话的人未必都是朋友。

2．名篇、名言

可与言而不与之言，失人；不可与言而与之言，失言。智者，不失人亦不失言。　（[春秋]《论语·卫灵公》）

中人以上，可以语上也；中人以下，不可以语上也。（[春秋]《论语·雍也》）

那些赞美你的所有言行的人不是忠诚的朋友，忠诚的朋友是温和地指出你的过错的人。　（[古希腊] 苏格拉底①）

（三）规律

1．成语、习语

大风吹倒梧桐树，自有旁人话短长。

一传十、十传百。

2．名篇、名言

云无人种生何极，水有谁教去不回。　（[南宋] 释普济

---

① 敬乐园（https://www.thejl.cn/topic/19?page=2）．2020-7-8．

说话的艺术

《五灯会元》①）

3. 摘句、摘语

那些非常相信天上会掉馅饼的人，容易上当，是洗脑的好对象；而脚踏实地、不指望别人、不太相信奇迹的人就难以被骗。

---

① 便民查询网（https://foxue.51240.com/tiantongshanxinchanshifoxued/）. 2020-7-8.

第八章　情感态度

> **【本章导语】**
>
> 在说话沟通时，如果将我们表达出来的言语内容说成是"骨架"，那么我们在表达时所体现出来的情感、态度就是"血肉"。因此，我们的情感是否得体，态度是否端正，是否倾注了自己的心血、心智、心思与心力，是决定我们说话沟通能否达到效果的试金石。

一、"情感态度"比较得体

> **【经典故事】**
>
> ### 拿破仑心服口服
>
> 有一次，拿破仑对他的秘书说："布里昂，你将永垂不朽了。"布里昂迷惑不解，拿破仑提示道："你不是我的秘书吗？"布里昂明白了他的意思，微微一笑，从容不迫地反问道："那么请问，亚历山大的秘书是谁？"拿破仑答不上来，便高声喝彩："问得好！"

说话的艺术

> **【简要述评】**
> 拿破仑认为布里昂能借他的名声而扬名后世,布里昂反驳这个观点时,并没有直接向论题发起进攻,而是就话对话,并省略了自己要表述的内容,让被反驳者自己去体会应有的观点、立场、态度,自己去寻找正确的答案,从而使其心服口服、心悦诚服。

(一) 泛指

1. 成语、习语

百听不厌	不厌其烦	不吝金玉
不吝指教	谆谆告诫	语重心长
开诚布公	开诚相见	求同存异
无可非议	无可厚非	无所畏惧
心服口服	心悦诚服	言辞恳切
引吭高歌	高歌猛进	高声大气
欢声笑语	豪言壮语	永不言败
人欢马叫	眉飞色舞	津津乐道
声情并茂	有说有笑	忍俊不禁
谈笑风生	谈笑自若	畅所欲言
喜形于色	笑逐颜开	心花怒放
慷慨激昂	慷慨陈词	言语激越
据理力争	仗义执言	直言不讳
说一不二	一言为定	掏心窝子
随叫随到	流芳百世	名垂青史
名满天下	可歌可泣	口碑载道

第八章　情感态度

有口皆碑　　　　　一字一珠　　　　字斟句酌
拍案叫绝　　　　　振聋发聩　　　　相提并论
不要轻易说"不"。　　　　　　永不说"不"。
不要搬弄是非。　　　　　　　不要飞短流长。
不要非议别人，免招别人非议。
不要多管闲事。　　　　　　　精诚所至，金石为开。
不应两面讨好。　　　　　　　不轻诺、诺必果。
囊中无钱，说话要甜。　　　　能不撒谎，绝不撒谎。
你要行善，也要言善。　　　　问心无愧、打雷照睡。
一句温暖的言语，暖和了漫长的冬天。
要对所有人都公正，但不要对所有人的话都相信。
不及时赞赏别人就等于是在犯罪。
不可轻信吹捧你的人。
沉默有时候是最严厉的批评。
大胆讲真话，魔鬼也害怕。
尽管群狗乱吠，大篷车照常行进。
是非终日有，不听自然无。
说好话伤不到舌头。
坦白认错，心中泰然。
要吃鸡蛋就得忍受母鸡咕咕叫。
冤屈深沉，石鸣不平。
罪大恶极，连石头也开口说话。
装满东西的袋子，总是竖起耳朵倾听。
话语投机恨时短。

2．名篇、名言

不侮矜寡，不畏强御。　　（［周］《诗经·大雅·烝民》）
言念君子，温其如玉。　　（［周］《诗经·秦风·小戎》）

说话的艺术

　　知之为知之，不知为不知。（［春秋］《论语·为政》）
　　言必信、行必果。（［春秋］《论语·子路》）
　　不迁怒，不贰过。（［春秋］《论语·雍也》）
　　君子耻其言而过其行。（［春秋］《论语·宪问》）
　　不诱于誉，不恐于诽。（［战国］《荀子·非十二子》）
　　不耻不若人，何若人有？（［战国］《孟子·尽心上》）
　　君子不羞学、不羞问。（［西汉］刘向《说苑·谈丛》）
　　一物不知、实以为耻，闻一善言、不胜其喜。（［东汉］崔瑗《河间相张平子碑》①）
　　登高不以艰险而止，积善不以穷否而怨。（［东晋］葛洪《抱朴子·广譬》）
　　不虚美，不隐恶，不雷同以偶俗。（［东晋］葛洪《抱朴子·明本》）
　　语不惊人死不休。（［唐］杜甫《江上值水如海势聊短述》）
　　今日听君歌一曲，暂凭杯酒长精神。（［唐］刘禹锡《酬乐天扬州初逢席上见赠》）
　　知无不言，言无不尽。（［北宋］苏洵《衡论·远虑》）
　　莫听穿林打叶声，何妨吟啸且徐行。（［北宋］苏轼《定风波》）
　　诚无悔，恕无怨，和无仇，忍无辱。（［北宋］林逋《省心录》②）

---

　　① 百度知道（https://zhidao.baidu.com/question/2059581590067867467.html）．2020-7-9．
　　② 可可诗词（https://www.kekeshici.com/mingyanmingju/guoxuejuian/130112.html）．2020-7-9．

第八章　情感态度

宁可信其有，不可信其无。　（［明］《增广贤文》）

忍得一时之气，免得百日之忧。　（［明］《增广贤文》）

忍一句、息一怒，饶一着、退一步。　（［明］《增广贤文》）

隐恶扬善，执其两端。　（［明］《增广贤文》）

心诚色温，气和辞婉，必能动人。　（［明］薛瑄，转引自李华木，2000：1）

善言亲近善知识，勤求如是真实智。　（《大藏经·大方总持宝光明经·卷第二》[①]）

言语忍、忿自泯。　（［清］《弟子规》）

独立思考，敢想、敢说、敢做，固然也难免犯错误，但那是错在明处，容易纠正。　（邓小平[②]）

不获全胜决不轻言成功。　（习近平[③]）

承认错误，等于改正了一半。　（鲁迅[④]）

悲喜情交结，口许而心留。　（［古印度］马鸣《佛本行赞》[⑤]）

[①]　新浪博客（http://blog.sina.com.cn/s/blog_ d4ef862d0102w93o.html）．2020-7-9.

[②]　百度文库（https://wenku.baidu.com/view/cc5d228f4868762caaed529.html）．2020-7-9.

[③]　新华网（http://www.xinhuanet.com/comments/2020-02/23/c_1125615997.htm）．2020-7-9.

[④]　敬乐园（https://www.thejl.cn/topic/57）．2020-7-9.

[⑤]　腾讯网（https://new.qq.com/omn/20190316/20190316A0AJCT.html?pc）．2020-7-9.

说话的艺术

灭除轻躁意,和颜善听讼。([古印度]马鸣《佛本行赞》①)

如果一个人错了,那么就和善地指引他,说明他的错误。但如果你不能够,那么就责备你自己,甚或连自己也不责备。([古罗马]马可·奥列留·安东尼《沉思录》②)

不要想说什么就说什么。凡事必须三思而行,对人要和气,不要过分狎昵。([英国]莎士比亚,转引自李华木,2000:7)

要是您想到达您的目的地,您必须用温和一点的态度向人家问话。([英国]莎士比亚,转引自李华木,2000:14)

和蔼可亲的态度是永远的介绍信。([英国]培根,转引自李华木,2000:15)

无视于大众的喝彩,而能自得其乐的人才是伟大的人。([英国]斯梯尔,转引自李华木,2000:94)

莫对别人做或说你所不愿收回的。([英国]以撒·华滋,转引自卡耐基,1987:105)

凡是决心取得胜利的人,是从来不说"不可能"的。([法国]拿破仑《未知》③)

不要信任那些大谈正义的人。([德国]尼采,转引自李华木,2000:247)

---

① 道客巴巴(http://www.doc88.com/p-1641436440115.html). 2020-7-9.

② 新浪博客(http://blog.sina.com.cn/s/blog_6e3461fd0101fa66.html). 2020-7-9.

③ 百度文库(https://wenku.baidu.com/view/5972c82c85254b35eefdc8d376eeaeaad0f31628.html). 2020-7-9.

第八章　情感态度

他的谈吐总是平易近人的，这种单纯既掩饰了他对某些事物的无知，也表现了他的良好风度和宽容。（［俄国］列夫·托尔斯泰，转引自李华木，2000：16）

发自内心的真挚、热忱与同情心能够感动在场的所有人，也是牢牢吸引住听众的注意的最佳办法。（［美国］马登，等，2013：10）

把一根骨头扔给狗不叫博爱，博爱是在你和狗一样饥饿时，与狗同时吃一根骨头。（［美国］杰克·伦敦，转引自李华木，2000：253）

任何一个愚蠢的人都会尽力为自己的过错辩护。但是如果你承认自己的错误，将给人一种尊贵、高尚的感觉，你就可以从愚蠢的人之中脱离出来。（［美国］卡耐基，2011b：112）

3. 摘句、摘语

说好话，做好事，存好心，做好人。

慈爱、友善、温柔的言辞和赞美，能使人改变原有的心意，比世界上所有的威吓、愤怒、暴力和咆哮，都更容易让人接受。

仁慈，是一种聋子能听到、哑巴能了解的语言。

狗和其他宠物是根本不用工作就可以生存下去的动物；真诚地关心别人并及时地表达出来，你就会处处受到欢迎。

所谓情商高，就是会说话。能与人"共情"，能理解他人，站在别人的角度为他出主意、想办法，顺情说好话，对方爱听、自己也获得了对方的好感，是利己又利他的双赢。

没有任何借口，直截了当地说出实情，然后着手解决问题。

人的声音是最好的音乐。

不要抱怨世态炎凉，也不要怪别人攀龙附凤。

说话的艺术

让那些当着我们的面说我们好话的人见鬼去吧。

对后悔和埋怨说再见,拥抱宽容与原谅。

不要盲从因袭别人说的,要有自己的主见。

跟人聊天时,经常发生鸡同鸭讲的情况,关键是要避免主观臆断对方的意图,千万不要跟自己的想象对话。

愉快的聊天,就像给灵魂做按摩。

劳动、运动、唱歌和交谈可以驱除忧闷。

你说话的语气比你所说的内容重要得多。

人们做一件事情通常存在两种理由:一种理由听上去很好、很高尚;另一种理由则是真实的动机。所以要改变一个人的想法,需要激发他高尚的动机。比如,你不想要人家拍你小孩子的照,你就应该说:"您可能也有小孩,您也知道,如果让孩子曝光太多,对他们没有好处的。"

人与人沟通70%是情绪,30%是内容,什么事情你把大伙儿都说乐了,这事就好办了。

忍耐力是人生中最重要的素养,忍耐不是指一味地忍受,而是指深思熟虑后做出应答。我们要做到像喝中药一样,即使有抵触情绪,也要发挥忍耐力一口气咽下去。

如果你表现得很有主见,说出来的话都从不轻易反悔,别人就会看重你,而且认为你是对的。反之,就会认为你的话不可信。

说话时要懂得把别人放在心上,对谁都多关心两句,人家会认为你细心且成熟。

说话要软,别逞口舌之快,控制好自己的情绪;做事要硬,要有能力、有原则、有底线。

"我很好,我正变得更好!"你的成功就只是时间问题了。

当你关心一个人时,你就会给他对你倾诉的时间和耐心。

和别人说话时一定要带着感情,不能像吸尘器那样只顾在地板上摩来擦去。

(二) 异性

1. 成语、习语

浅唱低吟　　　浅斟低唱
山盟海誓　　　一见钟情
情人争吵,终归于好。

2. 名篇、名言

一日不见,如三秋兮。（[周]《诗经·王风》）

千呼万唤始出来,犹抱琵琶半遮面。（[唐] 白居易《琵琶行》）

两性相爱是人生最重要的部分,应该保持他的自由、神圣、崇高,而不要强制他、侮辱他、污蔑他、屈抑他,使他在人间社会丧失了优美的价值。（李大钊,转引自李华木,2000：350）

女人有时候也许会容忍别人欺骗她们的爱情,却从来不容许伤害他们的自尊心。（[法国] 小仲马,转引自李华木,2000：203）

3. 摘句、摘语

与其问"TA 到底爱不爱我?"还不如问"我要怎么做,TA 才会真的爱我?"或者"如果 TA 并不真的爱我,我该怎么做?"

有时候你的一句话可以让我回味几天,有时候你的一句话也可以让我失望几天,这就是在乎。

（三）自己

1. 成语、习语

扪心自问　　抚躬自问　　广开言路
嘘寒问暖　　虚己以听　　寻根究底
刨根问底　　有求必应　　有闻必录
从善如流

2. 名篇、名言

我心匪石，不可转也。我心匪席，不可卷也。（［周］《诗经·邶风》）

己所不欲，勿施于人。（［春秋］《论语·卫灵公》）

不怨天，不尤人，下学而上达。（［春秋］《论语·宪问》）

学而不厌，诲人不倦。（［春秋］《论语·述而》）

勿以身贵而贱人，勿以独见而违众，勿以功能而失信。（［三国］诸葛亮《将苑·出师》）

洛阳亲友如相问，一片冰心在玉壶。（［唐］王昌龄《芙蓉楼送辛渐》）

人来骂我逞无明，我若还他便斗争，听似不闻休应对，一枝莲在火中生。（［元］吴亮，转引自唐异常、杨新正，2001：69）

不要人夸颜色好，只留清气满乾坤。（［元］王冕《墨梅》）

责人之心责己，恕己之心恕人。（［明］《增广贤文》）

不自望利，不谄于人，不依他活，守己法行。（［清］

第八章 情感态度

《大藏经》①)

高情不入时人眼,拍手凭他笑路旁。 ([清]曹雪芹《红楼梦·簪菊》)

走自己的路,让人家去说吧。 ([意大利]但丁《神曲》②)

尊重和赞颂你自己的灵心,将使你满足于自身与社会保持和谐,与神灵保持一致,亦即赞颂所有他们给予和命令的东西。 ([古罗马]马可·奥列留·安东尼《沉思录》③)

使你习惯于仔细地倾听别人所说的话,尽可能地进入说话者的心灵。 ([古罗马]马可·奥列留·安东尼《沉思录》④)

赞美令我羞惭,因为我暗自乞求得到它。 ([印度]泰戈尔《飞鸟集》⑤)

自我批评也就是最严格的批评,而且也是最有益的。 ([俄国]高尔基,转引自李华木,2000:22)

如果我们为人正直,工作勤奋,就会得到人们的称颂;然而,得到自己的赞许却有百倍的意义。 ([美国]马克·吐

---

① 新浪博客(http://blog.sina.com.cn/s/blog_666f32fe0102vtpf.html).2020-7-9.

② 百度文库(https://wenku.baidu.com/view/cf36266eff00bed5b8f31d64.html).2020-7-9.

③ 有道(http://dict.youdao.com/w/%E4%BD%BF%E4%BD%A0%E6%BB%A1%E8%B6%B3).2020-7-9.

④ 百度文库(https://wenku.baidu.com/view/51ecd51e970590c69ec3d5bbfd0a79563d1ed435.html).2020-7-9.

⑤ 新东方网(http://tool.xdf.cn/jdyl/result_taigeer52.html).2020-7-9.

说话的艺术

温《傻瓜威尔逊的新日历》①)

让我们不再去想自己的成就和自己的需求,让我们试着去想想别人的优点,然后忘却恭维,发出诚实、真心的赞赏。这样,人们就会珍惜你的话,把他们视为珍宝,并且一辈子都重复着它们;哪怕你已经忘了,还重复着它们。(〔美国〕卡耐基,1987:129)

一个人自己的名字,是他听到的所有语言中最甜蜜、最重要的声音。人们对自己的姓名更感兴趣,超过了世界上所有的姓名加在一起的总和。记住一个人的姓名、自然地叫出来,就是在对他进行微妙的恭维和赞赏。但是反过来讲,把那人的姓名忘记或是叫错了,你就会把自己置于一种不利的境地。(〔美国〕卡耐基,2011b:62)

如果你错了,请立刻诚恳地承认吧。(〔美国〕卡耐基,2011a:115)

人之赞我,于我未加一丝;人之损我,于我未减一毫。(〔日本〕佐久间象山《省言录》②)

3. 摘句、摘语

赞叹不生喜,毁骂亦不嗔。

抱怨世界不如改变自己。

贬低自己,换来谅解。

我们关心那些关心我们的人。

不要对自己的错误做任何辩解,承认并承诺改正。

不要太在意他人的评价。

---

① 金句吧(https://www.jinju8.com/ju/pqgf).2020-7-9.
② 名言通(https://www.mingyantong.com/ju/1626109).2020-7-9.

第八章　情感态度

是非天天有，不听自然无。

出了差错、犯了错，要先问问自己的责任，不可迁怒于他人。

对于自己不知道的事情，可以坦率地说不知道。

对自己的不幸付之一笑，这是一门伟大的艺术。

每天都对自己说："今天，我开始新的生活！"

求人不妨热脸贴冷屁股。凡事都要懂得隐忍，千万沉住气，不能为了一时痛快而断绝自己的后路。

说出你的梦想，并且相信自己能够成功，你就必定能够成功。

坦率言明心中所想、大胆讲出欲之所望、勇敢流露力所不及、真诚表白己所不欲，这就是积极的自我主张。

倘若有人赞扬你，要扪心自问是否真实。

勿以微小的成绩而沾沾自喜，到处宣扬。

言辞谦逊，可以免遭妒忌；要少谈或不谈自己的得意事。

有时间去抱怨环境，还不如自己来让环境变得更加有趣。

与其谈论自己的不幸，不如把它们忘掉。

多自我批评，少自我表扬。

责备别人一次，要责备自己十次。

做自己应该做的，是非让人们去评说。

别人有错误，不要轻易去指责；但如果自己有错误，就要很快、很直率地承认。

别人夸你或者夸你的孩子时，回应的诀窍就是：你要顺着对方的话讲下去，但要少说先天的天赋，多说后天的努力。

不要总说别人对你的期望值比你对自己的期望值更高。

当别人无意中戳到你的痛处时，勃然大怒不是明智的选择，你完全可以委婉地表达感受，而非激烈地表达情绪和

说话的艺术

想法。

（四）朋友

1. 成语、习语

与子同仇　　　　与子同袍　　　　推心置腹
宽以待人，严于律己。　　英雄所见略同。
朋友的求助不要拖。　　　朋友间不能阿谀奉承。
苦口忠言必须逆耳，闻过当改铭刻于心。

2. 名篇、名言

同心之言，其臭如兰。（［周］《周易·系辞上》）

有朋自远方来，不亦乐乎？（［春秋］《论语·学而》）

众鸟高飞尽，孤云独去闲。相看两不厌，只有敬亭山。（［唐］李白《独坐敬亭山》）

欢言得所憩，美酒聊共挥。（［唐］李白《下终南山过斛斯山人宿置酒》）

白日放歌须纵酒，青春做伴好还乡。（［唐］杜甫《闻官军收河南河北》）

感时花溅泪，恨别鸟惊心。（［唐］杜甫《春望》）

蜡烛有心还惜别，替人垂泪到天明。（［唐］杜牧《赠别》）

莫愁前路无知己，天下谁人不识君？（［唐］高适《别董大二首》）

偶然值林叟，谈笑无还期。（［唐］王维《终南别业》）

劝君更尽一杯酒，西出阳关无故人。（［唐］王维《渭城曲》）

田夫荷锄至，相见语依依。（［唐］王维《渭川田家》）

同是天涯沦落人，相逢何必曾相识。（［唐］白居易

第八章 情感态度

《琵琶行》)

剪不断，理还乱，是离愁，别是一番滋味在心头。（［南唐］李煜《相见欢》）

闻过怒、闻誉乐，损友来、益友却。闻誉恐、闻过欣，直谅士、渐相亲。（［清］《弟子规》）

尊前谈笑人依旧，域外鸡虫事可哀。莫叹韶华容易逝，卅年仍到赫曦台。（毛泽东《七律·和周世钊同志》）

以淡字交友，以聋字止谤，以刻字责己。（弘一大师，转引自李华木，2000：10）

在友谊里，不用言语，一切的思想，一切的愿望，一切的希冀，都在无声的欢乐中发生而共享了。（［黎巴嫩］纪伯伦《先知·论友谊》[①]）

即使是我们的朋友，也宁愿多谈他们自己的成就，而不喜欢听我们吹嘘自己。（［美国］卡耐基[②]）

3. 摘句、摘语

你的同学、同事、朋友，尤其是情侣或者配偶，说她的打扮不好看，实际上她是在求证自己，你一定要表明态度"很好看啊！"，否则你就死定了。

盐于律己，甜以待人。

（五）对方

[①] http://www.jiyanlu.com/leaf/sentence/509577142946823023/. 2020-7-9.

[②] 企业工具（https://www.docin.com/p-1935173731.html）. 2020-7-9.

说话的艺术

1. 成语、习语

闻过则喜　　　握手言欢　　　言归于好
义正词严　　　猛烈抨击　　　强烈抗议
刚言慑服　　　直抒己见　　　温言软语

2. 名篇、名言

君子莫大乎与人为善。（［战国］《孟子·公孙丑上》）

若欲报怨应加善，不应以恶而毁害。（［北魏］《杂宝藏经》①）

胜负兵家不可期，包羞忍辱是男儿。江东子弟多豪俊，卷土重来未可知。（［唐］杜牧《题乌江亭》）

得忍且忍，得诫且诫；不忍不诫，小事成大。（［元］吴亮，转引自唐异常、杨新正，2001：38）

敌未出国土前，言和即汉奸。（陈嘉庚，转引自白运增，2011：114）

在努力耕耘的过程中，不必去关心别人的冷眼或喝彩，而只要自己尽力而为。（罗兰《夏天——植物的世界》②）

如果你根本看不起一个人，就没有必要对他说谎，又何必再说谎？（古龙，转引自李华木，2000：280）

恨永远无法止恨，只有爱可以止恨。（［古印度］释迦牟尼，转引自卡耐基，2011b：97）

当你真正感到对方的话是肺腑之言时，自己的心灵也一定

---

① 新浪博客（http://blog.sina.com.cn/s/blog_6fccb65801017oed.html）．2020 - 7 - 9．

② 新东方网（http://tool.xdf.cn/jdyl/result_luolan32.html）．2020 - 7 - 9．

第八章 情感态度

会敞开来接受一个陌生心灵的真情流露。（［法国］卢梭①）

我不赞成你说的话，不过我拼着老命也要维护你说这话的权利。（［法国］伏尔泰，转引自李华木，2000：254）

当你批评比你强的人时，不要枉费心思去吹毛求疵，却要看到他们的伟大、坚强和聪明的地方。如果可能，还要向他们学习，赶上他们各种各样的高度成就。（［俄国］克雷洛夫，转引自李华木，2000：21）

不要让骄傲支配了你们。由于骄傲，你们会在该同意的时候固执起来；由于骄傲，你们会拒绝有益的劝告和友好的帮助；而且由于骄傲，你们会失掉客观的标准。（［俄国］巴甫洛夫②）

对于批评，既不必提出抗议，也勿需为自己去辩解，不必把它放在眼里，而是用行动来说明，这样批评就会慢慢地一钱不值。（［德国］歌德，转引自李华木，2000：21）

对骄傲的人不要谦虚，对谦虚的人不要骄傲。（［美国］杰斐逊，转引自李华木，2000：133）

你是不是愿意记住如此神奇的一句话？它可以停止争辩、消除怨恨、产生好感，使人们愿意专注地听你说话，这句话就是："你这样想，我一点都不会怪你。如果我是你的话，我肯定也会有同样的感觉。"（［美国］卡耐基，2011b：143）

如果你是对的，就要试着温和地、技巧地让对方同意你；如果你错了，就要迅速而热诚地承认。这要比为自己争辩有效

---

① 个人图书馆（http://www.360doc.com/content/18/1212/09/60899142_801207640.shtml）．2020-7-9．

② http://www.jiaoshizixun.com/index/Index/minYanInfo/myId/MY-101186.html．2020-7-9．

和有趣得多。（［美国］卡耐基，转引自李华木，2000：3）

没有人会比我更喜欢合理而又激烈的争论，这不是倔强或者坦率，这是工作。（［美国］杰克·韦尔奇《杰克·韦尔奇自传》①）

3. 摘句、摘语

中国可以说"不!"

没有人会喜欢那些用词刻薄、语言恶毒的所谓"关心"。

越是让你生气的人，越要面带笑容去拜托他帮你办事。

要将别人的批评和嘲笑看成是对你的恭维和帮助。

即使你对他没什么好感，也不要去讨厌他、疏远他，而是要学会怎么样才能让他喜欢你、夸奖你。

不管是说服对方还是规劝对方，都要感情真挚，以情动人，方能奏效。

你不需要赢得每次争论，试着接受不同的意见，君子和而不同。

事业成功的人，都是虚心接受别人批评、笑对批评的人。

当你面对一些比较敏感、不想回答的问题时，你可以装聋作哑，用"天知道""这个很难说"等去搪塞。

当你不能争辩又不适于当面认错的时候，采用"王顾左右而言他"或"金蝉脱壳"式的幽默，就有大用了。

要学会接纳不同的声音。

与对方发生意见分歧时，你要保持冷静，充分了解别人的观点，先肯定你们的相同之处，随时准备承认自己的错误。

---

① 知乎（https://zhuanlan.zhihu.com/p/58518274）．2020-7-9．

第八章 情感态度

（六）职场

1．成语、习语
人民的沉默便是对君王的教训。
人民的呼声就是上帝的声音。
笑迎天下客。
军人以服从命令为天职。

2．名篇、名言
君子矜而不争，群而不党。（［春秋］《论语·卫灵公》）

君子有三畏，畏天命、畏大人、畏圣人之言。（［春秋］《论语·季氏》）

不争天下之交，不养天下之权。（［春秋］《孙子兵法·九地》，转引自钱厚生，2010：30）

长太息以掩涕兮，哀民生之多艰。（［战国］屈原《离骚》，转引自钱厚生，2010：39）

剑外忽传收蓟北，初闻涕泪满衣裳。（［唐］杜甫《闻官军收河南河北》）

天变不足畏，祖宗不足法，人言不足恤。（［北宋］王安石，转引自钱厚生，2010：333）

褒贬无一词，岂得为良史？（［北宋］王禹偁《对雪》，转引自钱厚生，2010：9）

一身忧国心，千古敢言气。（［南宋］楼钥《送刘德修少卿潼川漕》）

当官以暴怒为戒，居家以谦和自持。（［元］吴亮，转引自唐异常、刘新正，2001：原序）

人民不喜欢假话，哪怕多么装腔作势、多么冠冕堂皇的假

说话的艺术

话,都不会打动人们的心。 (艾青,转引自李华木,2000:269)

既然这是你一生的关键,就得拿出勇气来面对事实,用最光明正大的态度来应付,无需那些不必要的顾虑而不说真话!就是在实际做的时候要注意措辞及步骤。 (傅雷,转引自傅敏,2004:111)

我规定自己:不要直接反驳别人的观点,不要对自己的主张太过肯定,我甚至不许自己谈话时使用含有确定意义的任何字或词,比如"当然""毫无疑问"等等;而采用"我以为""我了解"或"我想这件事情是怎样怎样",或者说"目前我看起来是如此"。在别人武断地提出某件我认为错误的事时,我不逞一时之快贸然地反驳他,或立即指出他的主张里的某种错误。我会先说,在某些例子或状况中他的意见是对的,可是在现在这种情况里,就我而言,它们看起来或似乎与我的意见不一,等等。不久,我便发现自己改变态度的好处了,我所加入的谈话能够更愉快地进行下去,我以谦虚的方式提出自己的意见,结果更容易为人们所接受,也较少遭到反驳;当我被人指出我犯了错误时,我不会觉得过分难堪,却能更轻易地劝服别人放弃他们的错误,并在我恰好是对时赞同我。起初,我是颇费了一番力气才将这种做法表现得很自然的,后来却变得十分轻松而习惯了,因此在过去50年当中,没有人听我说过一句武断的话。 ([美国]富兰克林,转引自卡耐基,1987:100-101)

承认自己可能犯错,就永远不会陷入麻烦中。所有的争论都停止了,你的对手受到你的鼓励,变得开明、公平、宽宏大量。 ([美国]卡耐基,2011b:102)

什么是主动?且让我告诉你:它是不经盼咐,而去做正确

的事。（［美国］哈伯德，卡耐基，1987：29）

3. 摘句、摘语

快乐之道不在于做自己喜爱的事，而在于每天告诉自己要喜爱自己不得不做的事。

如果一个人在批评别人前先谦虚地承认自己并非完美无缺，那么对方接受他的批评就可能容易得多了。

职场中的"三少"原则：遇到困难要少说，解决的问题越多，说明你的能力越强；取得成绩要少说，领导最讨厌变相邀功的人；委屈误解要少说，没人愿意跟一个全是负能量的人或矫情的人待在一块儿工作。

对他人和他人的事业怀有极大的热情可以引起他人的注意，能得到更多与他人相处和合作的机会，赢得友谊、赢得机会，甚至连名人也不例外。

不管你是打工还是自己创业，都要学会如何和周围的人说话，学会向周围的环境做一定程度的妥协，这样才能走得更远。

不要说"我以前都是这样做的"，否则领导会怀疑你的创新能力。

不要在老板没拍板前说"我认为""我觉得"，而要说"我提个不成熟的建议，供您参考"。

初入职场，你要学会清零，不再是好学生和乖宝宝，要主动沟通、主动学习、主动揽活，不要轻易埋怨和指责任何人。

上司批评你时，你应该感谢他给予你的种种教诲。感恩不花一分钱，却是一项重大的投资，对于未来极有帮助。

老板也许永远不会为他发了脾气而道歉。遇到这种情况，同事间应互相支持，报之以微笑或友好的话以示理解，表明没人会把老板的一时之气放在心上。

说话的艺术

　　老板在办公室对着电话大吼大叫时,你应该起身去关上他办公室的门,你的职责之一就是要在这样的场合中维护他的形象。

　　面对批评,如果是老师、父母或者老板指出你的问题或者缺点,要虚心接受、积极改正;如果是上司带有情绪的批评,要带着微笑认真倾听,最好不要反驳;面对恶意的批评甚至是人身攻击时,你可以选择适时解释、说明或反击。

　　世界会给你以厚报,既有金钱也有荣誉,只要你具备这样一种品质:那就是"主动性"。主动性就是不用别人告诉你,你就能出色地完成工作。次之,就是别人教给了你一次,你就能去做。比如说,把信送给加西亚。再次之,就是这样一种人,别人教给了他们两次,他们才会去做,这些人得不到荣誉,报酬也很微薄。更次之,就是有些人只有在形势所迫时才能把事情做好,他们得到的只是冷漠,而不是荣誉,报酬更是微不足道了,这种人是在磨洋工。最等而下之的人是这种人,即使有人追着他、告诉他怎么去做,并且盯着他做,他也做不好事。这种人总是失业,易遭别人蔑视,没有金钱,更得不到荣誉,也算是咎由自取。

　　要多表扬和鼓励你的下属,不要摆架子。

　　提建议时,应该语气坚定、充满自信,不要因为过度谦虚谨慎而让人觉得你迟疑或软弱。

　　如果你和一位喜欢发表偏见的同事在一起,那么你可以悄悄地劝他。如果一群人都在持偏见或开玩笑,你可以试着改变话题或者选择离开,不要去争论。

　　揭发同事应该是一件需要十分慎重考虑的事。

　　你的两位同事在谈恋爱而且刚刚分手了,其中一方问你的意见时,你当然可以听听,但不要袒护哪一方,也不要充当调

第八章　情感态度

解人。因为你还要跟他们共事，如果卷入他们的感情纠葛中，会影响你和他们以后的工作关系。

没听清楚时一定要请对方再说一遍，这比你微笑点头装作听懂了要好。

受到性骚扰时，你可以向对方讲明，作为一位同事你欣赏他但并不喜欢他的这种方式。如果他继续骚扰你，那么你可以告诉你的上司或向他的老板汇报。你也可以留下一些证据备用。

如果你遇到的男士认为女性是开会做笔录的唯一适合人选，你也可用同样的方法对待他，要求大家轮流做会议记录。

（七）家庭

1. 成语、习语
一家人不说两家话。　　　　　不痴不聋，不做家翁。

2. 名篇、名言
爱亲者不敢恶于人，敬亲者不敢慢于人。（《孝经·天子》，转引自钱厚生，2010：2）

父子笃，兄弟睦，夫妇和，家之肥也。（［西汉］《礼记·礼运》）

贫贱之知不可忘，糟糠之妻不下堂。（［东汉］宋弘，转引自钱厚生，2010：234）

谁言寸草心，报得三春晖。（［唐］孟郊《游子吟》）

张公艺九世同居，唐高宗临幸其家，问本末，书"忍"字以对；天子流涕，遂赐缣帛。（［元］吴亮，转引自唐异常、杨新正，2001：12）

父子亲而家不退，兄弟和而家不分。（［明］《增广贤文》）

说话的艺术

一家之计在于和,一生之计在于勤。([明]《增广贤文》)

忠言逆耳,但必须出以一百二十分柔和的态度,对方才能接受。(傅雷,转引自傅敏,2004:257)

和她提到给我们写信的时候,说话要和软,否则反而会影响她与我们的感情。翁姑与媳妇的关系与父母子女的关系大不相同,你慢慢会咂摸到,所以处理要非常细致。(傅雷,转引自傅敏,2004:244)

趁我现在还有精力,我要尽情倾吐,使我们一家人虽然一东一西分隔遥远,还是能够融融洽洽,无话不谈,精神互相贯通,好像生活在一起。(傅雷,转引自傅敏,2004:230)

倘若你心绪不好,也老老实实和我谈谈,我可以安慰安慰你,代你解决一些或大或小的烦恼。(傅雷,转引自傅敏,2004:41)

在外倘有任何精神苦闷,也切勿隐瞒,别怕受埋怨。一个人有个大20几岁的人代出主意,决不会坏事。你务必信任我,也不要怕我说话太严,我平时对老朋友讲话也无顾忌。(傅雷,转引自傅敏,2004:49)

我从与你相处的过程中学到了忍耐,学到了说话的技巧,学到了把感情升华。(傅雷,转引自傅敏,2004:37)

一个人的成就究竟有多大,不是以他拥有的财富来衡量的,而是以友谊的数目和质量来衡量的。我们应该教育孩子,世界上最神圣的莫过于拥有一个真正的朋友。应该训练他们从小培养结交朋友的能力,没有其他事物能够像这种训练一样开阔他们的胸襟,磨炼他们的品性,使他们的人生变得更加丰富和精彩。([美国]马登,等,2013:55)

爱训斥人的父母、唠叨的妻子或丈夫、专横跋扈的老板,应该意识到别人无法强迫他们改变原有的想法。但是,如果我们秉持温和友好的态度,我们就有可能引导他们。([美国]卡耐基,2011b:118)

3. 摘句、摘语

深到骨子里的教养,就是不对最亲近的人发脾气。

遇事不责备,是一个家庭最好的风水。凡事要学会先从自身找原因。

再气,也不要说出伤人的话。当你把语言用作武器伤害家人时,你就成了一个施暴者。语言暴力是对家人的精神虐待。

家和,核心就是说话要和和气气,不自以为是、不盛气凌人、不"老子天下第一"。

要结束家庭冷战,一方应主动认错、直言求和,或求助中介者,幽默和好。

爱情产生快乐,婚姻才产生人生;爱情是心动冲动,婚姻才是心定心安。

夫妻间、亲子间无论彼此之间怎样生气,都必须遵守这个约定:当一个人发火时,另一个要听,因为两个人都在喊叫时就不会有交流,只有噪音和伤害。

夫妻间好的感情,就像朋友一样聊得来。

夫妻之间尽量少教训、少命令,多委婉、多建议、多平等商量。不要说"你错了",而要说"你可以试试这样做";不要说"你怎么不帮我",而要说"可以帮我一把吗?"尤其职业是老板、领导或者老师的,更要注意少命令,要多建议、多提示对方,让对方自己拿主意。

夫妻之间要做到不抱怨、不指责、不侮辱对方。

家人之间也需要夸奖,说好听的话能让家人之间的感情更亲近、更深入。

说话的艺术

你的妻子可能因为怀孕而变得情绪烦躁,不管你多么努力,也很可能听不到她的半句称赞。

有的女性对待性情暴躁的丈夫,总能用平静而温和的语调去平息风暴,妻子事后要告诉丈夫为他着想的立场,这样丈夫就会为自己的行为感到内疚,从而改变。

如果你想要一个幸福的家庭,就不能做完美主义者,要容许家人包括小孩在家里表达不满。

父母每次对孩子的感受表示尊重,让他们有机会自己去解决问题、自己去做选择,都是在加强他们的自信和自尊。

同情是全人类普遍渴求的。孩子们会急切地显示他受伤的地方,有的甚至以自残来博得大人们的同情。同样,成人也会到处向别人展示他受的伤,讲述他们的意外事故、所患的疾病,特别是外科手术的细节,对真实的或者想象中的不幸进行自我怜悯。在某种意义上说,其实这是人类的普遍行为。如果你想赢得别人对你的想法的认同,你就应该记住这个规则:同情他人的想法和欲望。

对待孩子,要用全神贯注地倾听代替心不在焉。真正的倾听并不容易,需要我们集中精力,而不是仅仅给个简单回应敷衍了事。

孩子的自信来自 1000 次的夸奖和肯定,孩子的成长需要 5000 次以上的肯定。

孩子犯了错误,我们首先要做的就是拥抱孩子,再问他事情的原委,然后再和他商量以后怎么样才能避免犯类似的错误。

应该让家人发表看法。尤其是小孩处于叛逆期时,他们往往会变得不听话,有时像个刺头一样好战。父母的教训、威胁、惩罚,都无法奏效。这主要是因为父母从来没有倾听过他们的话，父母总是告诉他们做这个做那个，而当孩子们想告诉父母他们的想法、感觉、主意时，父母都只会用更多的命令打断他们。其实，孩子们需要的不是一个专横的父母，而是知心的朋友。父母该倾听的时候，却在不停地说。父母应让孩子们畅所欲言，孩子们会告诉父母他们的感受，然后友好、平等、和气地讨论面对的所有大大小小的问题，亲子之间的关系就会很快得到改善，孩子们又会变回从前那些个听话的孩子。

在家里能经常得到赞赏的孩子，比那些得不到赞赏的孩子自我感觉会更好，更乐于接受生活的挑战、设立更高的目标。

如何拒绝亲戚借钱？一是帮急不帮穷，二是升米恩、斗米仇。

二、"情感态度"不太得体

【经典故事】

鲁迅文中的模棱两可

鲁迅先生曾在《立论》一文中，极其辛辣地嘲讽了一些城府高筑而又善用语言上的模糊含义之人。兹录如下：

我梦见自己正在小学校的讲堂上预备作文，向老师请教立论的方法。

"难！"老师从眼镜圈外斜射出眼光来，看着我，说。"我告诉你一件事——

"一家人家生了一个男孩，合家高兴透顶了。满月的时候，抱出来给客人看，——大概自然是想得到一点好兆头。

"一个说：'这孩子将来要发财的。'他于是得到一番感谢。

说话的艺术

> "一个说:'这孩子将来要做官的。'他于是收回几句恭维。
>
> "一个说:'这孩子将来是要死的。'他于是得到一顿大家合力的痛打。
>
> "说要死的必然,说富贵的许谎。但说谎的得好报,说必然的遭打。你……"
>
> "我愿意既不谎人,也不遭打。那么,老师,我得怎么说呢?"
>
> "那么,你得说:'啊呀!这孩子,呵!您瞧!多么……呵唷!哈哈!Hehe!He,he he he he!'"

【简要述评】
鲁迅先生所讲的这种模棱两可、首鼠两端的态度,当然是不可取的。在现实生活中,我们应该尽量做到旗帜鲜明、观点明确、态度明朗。

(一) 泛指

1. 成语、习语

呼天抢地	放声大哭	大悲稀声
乐极生悲	厉声呵斥	笑里藏刀
泣不成声	鬼哭狼嚎	不打自招
厚此薄彼	厚古薄今	颂古非今
不足挂齿	何足挂齿	悉听尊便
微不足道	轻描淡写	付之一笑
一笑置之	泼冷水	笑掉大牙
一吐为快	心直口快	直言相向

第八章 情感态度

人言可畏	谗言可畏	少管闲事
众口铄金	天怒人怨	遗臭万年
无动于衷	只字不提	搪塞
模棱两可	言辞模糊	依违两可
咬牙切齿	咄咄逼人	信誓旦旦
感激涕零	歌功颂德	谢天谢地
找借口	转移话题	锱铢必较
贫嘴贱舌	唇枪舌剑	愤世嫉俗
怨天尤人	指天誓日	佛口蛇心
姑妄听之	毋庸置疑	嗟悔无及
漫天要价		

翻脸不认人。　　　　　各打五十大板。
顾左右而言他。　　　　王顾左右而言他。
好事不出门，坏事传千里。　坏消息传得快。
愤怒只能气坏自己。　　　吹胡子瞪眼睛。
宁可失足，不可失言。　　众口铄金，积毁销骨。
爱戴高帽子。　　　　　爱脸面（面子）。
爱他的人，念他的好。　　沉默就是认罪。
沉默不语就是同意。　　　蠢人总是自鸣得意。
耻于问者耻于学。　　　　害怕问者耻于学。
强加恶名，毁人一生。　　取悦他人总是代价高昂。
千人所指，无病而死。　　千万不要挺身而出。
恐惧使人张口结舌。　　　老虎屁股摸不得。
猫哭老鼠假慈悲。　　　　冒天下之大不韪。
莫管他人的家务事。　　　莫惹是生非。
人人都伺候，个个不说好。　人无笑脸，不要开店。
事不关己，高高挂起。　　说出真相，羞死魔鬼。

说话的艺术

赞扬过去,责备现今。
乌鸦吃羊,先哭一场。
心中窝火,口吐妄言。
羞于问路,定会迷途。
一鼻孔出气。
有嘴说别人,无嘴说自己。
过分赞扬就成了负担。
吹牛不上税。
伤人之言,深于矛戟。
弹不到一根弦上。
喜怒不形于色。
兄弟之怒犹如魔鬼之怒。
言者谆谆,听者藐藐。
一人传虚,万人传实。
怨人者穷,怨天者无志。
鸟儿爱听自己的鸣唱。
刀疮易受,恶语难消。
伤人一语,利如刀割。
利刀割体疮犹合,恶语伤人恨不消。
阿谀奉承的话,人们皆爱听。
奉承惹人喜,直言招人仇。
诽谤伤人比用长矛扎人伤得更重。
勇敢的行为不该自我吹嘘。
最爱自吹自擂的人最会撒谎。
有大鼻子的人总疑心人家在议论他的大鼻子。
激动时发誓言,平静时就忘记。
以牙还牙,以眼还眼。

2. 名篇、名言

心不在焉,视而不见,听而不闻,食而不知其味。([西汉]《礼记·大学》)

孤灯不明思欲绝,卷帷望月空长叹。([唐]李白《长相思二首》)

感此伤妾心,坐愁红颜老。([唐]李白《长干行》)

高楼当此夜,叹息未应闲。([唐]李白《关山月》)

牵衣顿足拦道哭,哭声直上干云霄。([唐]杜甫《兵车行》)

第八章 情感态度

永夜角声悲自语,中天月色好谁看? （［唐］杜甫《宿府》）

即此羡闲逸,怅然吟式微。 （［唐］王维《渭川田家》）

莫学游侠儿,矜夸紫骝好。 （［唐］王昌龄《塞下曲》）

无情最是台城柳,依旧烟笼十里堤。 （［唐］韦庄《台城》）

月落乌啼霜满天,江枫渔火对愁眠。 （［唐］张继《枫桥夜泊》）

羌笛何须怨杨柳,春风不度玉门关。 （［唐］王之涣《凉州词》）

故国三千里,深宫二十年。一声何满子,双泪落君前。 （［唐］张祜《宫词》）

近乡情更怯,不敢问来人。 （［唐］宋之问《渡汉江》）

三声猿屡断,万里客愁听。 （［北宋］《五灯会元》①）

物是人非事事休,欲语泪先流。 （［南宋］李清照《武陵春·春晚》）

悲欢离合总无情,一任阶前,点滴到天明。 （［南宋］蒋捷《虞美人·听雨》）

春且住。见说道,天涯芳草无归路。怨春不语,算只有殷勤,画檐蛛网,尽日惹飞絮。 （［南宋］辛弃疾《摸鱼儿》）

盛怒剧炎热,焚和徒自伤。触来勿与竞,事过心清凉。 （［元］孔浞,转引自唐异常、杨新正,2001:63）

一朝之愤可以亡身及亲,锥刀之利可以破家荡业,故纷争不可以不戒。 （［元］吴亮,转引自唐异常、杨新正,2001:39）

---

① 便民查询网（https://foxue.51240.com/xianzongqifuchanshi foxued/）．2020-7-9．

说话的艺术

平生只会说人短,何不回头把己量。([明]《增广贤文》)

见事莫说,问事不知,闲事休管,无事早归。([明]《增广贤文》)

满纸荒唐言,一把辛酸泪!都言作者痴,谁解其中味?([清]曹雪芹《红楼梦·题金陵十二钗一绝》)

漂泊亦如人命薄,空缱绻,说风流。([清]曹雪芹《红楼梦·柳絮词之唐多令》)

诚言而不顾,后必生悔恨。([古印度]马鸣《佛所行赞》①)

愤怒以愚蠢开始,以后悔告终。([古希腊]毕达哥拉斯②)

称赞那不应称赞的和斥责那不应斥责的都很容易,但两者都表示一种坏的性格。([古希腊]德谟克利特,转引自李华木,2000:17)

人们相互蔑视又相互奉承,人们各自希望自己高于别人,又各自匍匐在别人面前。([古罗马]马可·奥列留·安东尼《沉思录》③)

我若能说万人的方言、天使的话语,却没有爱,我就成了

---

① 网易号(https://dy.163.com/article/F1RUIBK90521JF6I.html). 2020-7-9.

② 个人图书馆(http://www.360doc.com/content/18/0919/11/1768535_787903094.shtml). 2020-7-9.

③ 妙语一百(http://www.miaoyu100.com/Miaoyu/like/8189). 2020-7-9.

第八章 情感态度

鸣的锣、响的钹一般。（《圣经》①）

坦白直率的言语，最容易打动悲哀的耳朵。（［英国］莎士比亚，转引自李华木，2000：259）

人人都在期待各位的批评，但是他们所希望的只是称赞而已。（［英国］毛姆，转引自李华木，2000：21）

自满、自高自大和轻信是人生的三大暗礁。（［法国］巴尔扎克，转引自李华木，2000：199）

我们憎恨某些人，是因为我们不了解他们；我们不了解他们，因为我们憎恨他们。（［法国］科尔顿，转引自李华木，2000：266）

拒绝赞扬出自一种想被人赞扬两次的欲望。（［法国］拉罗什富科《道德箴言录》②）

毫不奇怪，我们所有的人都或多或少乐于跟平庸者打交道，因为那会使我们心安理得，使我们产生一种与自己相同的人交往的舒适感觉。（［德国］歌德，转引自李华木，2000：3）

有嫉妒心的人，自己不能完成伟大的事业，乃尽量去低估他人的伟大，贬抑他人的伟大性使与他人相齐。（［德国］黑格尔，转引自李华木，2000：357）

正是那些不关心朋友的人会在生活中遇到最大的困难、给他人极大的伤害，这种人的存在正是人类失败的根源。（［奥地利］阿尔弗雷德·阿德勒，转引自卡耐基，2011b：44）

人们总为自己当前的处境而责怪环境，我不相信环境。能

---

① 百度知道（https://zhidao.baidu.com/question/63601740.html）. 2020-7-9.

② 豆瓣（https://www.douban.com/note/73758375/）. 2020-7-9.

说话的艺术

在这世界出人头地的,都是那些能够奋起并寻找自己所要的环境的人,并且他们若是找不着它们,就自己来开创。（［爱尔兰］萧伯纳,转引自卡耐基,1987：83）

别总没事抱怨世界欠你一个美好的生活,这世界什么也不欠你。它本来就在那儿。（［美国］马克·吐温①）

与其诅咒黑暗,不如燃起蜡烛。（［美国］斯特朗②）

称赞是生命短暂的热情,习惯了就变得有等于无。（［美国］爱迪生《随笔》③）

平凡人最大的缺点是常常觉得自己比别人高明。（［美国］富兰克林,转引自李华木,2000：136）

如果我们,只是要在别人面前表现自己、要别人对我们感兴趣的话,我们将永远不会交到真诚的朋友。（［美国］卡耐基,2011a：190）

对"不"字的反应是人类最不容易克服的障碍,当你说出"不"字之后,你骄傲的自尊就会要求你坚持己见到底,错也得错下去。（［美国］卡耐基④）

发现别人的错误,常常比找到他们的优点容易得多。（［美国］卡耐基,2011b：10）

批评是危险的,因为它会伤害别人的自尊,破坏别人对自

---

① 百度文库（https://wenku.baidu.com/view/aaebc1b35022aaea998f0fcf.html）. 2020-7-9.

② 百度文库（https://wenku.baidu.com/view/30cfb76a376baf1ffc4fad53.html）. 2020-7-9.

③ 百度文库（https://wenku.baidu.com/view/1b7d5f7785c24028915f804d2b160b4e777f8117.html）. 2020-7-9.

④ 百度文库（https://wenku.baidu.com/view/72ca947180c758f5f61fb7360b4c2e3f572725ea.html）. 2020-7-9.

己价值的判断,甚至招致怨恨。([美国]卡耐基①)

我们惧怕批评,就像我们渴望赞扬一样。([加拿大]汉斯·塞尔耶,转引自卡耐基,2011b:5)

3. 摘句、摘语

痴情的人既是聋子又是瞎子。

你对别人不说三道四,别人就不会对你妄加评论。

不要因为别人说了你想听的话,就相信他们。

不管他的错误有多严重,一百个人里面有九十九个都不愿检讨自己的行为。

连那些身陷监狱中的亡命之徒都不为自己的罪行感到自责,我们还指望平常接触的普通人会自觉地承认错误吗?

人们都喜欢言听计从的人,几乎没有人会喜欢狂妄自大的人,人们会对与自己针锋相对过的人长久地心存芥蒂。

世上最伤人的东西,除了枪弹和匕首,就是嘴里的话。

说话伤人就像钉子钉在木板上一样,即使将钉子拔掉了,木板上照样会留下一个一个的孔。你说完了可能就忘了,但伤心的人永远难以忘怀。

发怒时极易丧失理智,轻则出言不逊,影响人际关系;重则伤人毁物,有时还会造成难以挽回的损失,事后追悔莫及。

发怒是不共戴天的仇敌。

犯错误的人,总以为人人都在议论他犯错误这件事。

很多人都有要别人领他情的毛病,他做了什么事一定要说出来,唯恐别人不知道。

你捧我,我也捧你。

---

① 百度文库(https://wenku.baidu.com/view/d6d43dc3bb68a98271fefaf7.html). 2020-7-9.

说话的艺术

人傲慢,没人理,事业衰。

人性最大的弱点:不爱听真话。

如果我们说了让别人心生怨恨的话,就会播下怨恨的种子,其结果就是凶多吉少。

如果有人把不合口味的话硬往我们的耳道里塞,我们是绝不接受的。

说话时如果没有激情和热忱,就会显得干巴巴的、没有生气,更不可能打动别人。

他(她)说话难听,但人不错。

"心直口快""性格耿直"往往是不好好说话的人的挡箭牌。

一个人除了身体健康、心理健康之外,还需要情绪健康。管控自己的情绪是一门艺术,如果一个人的情绪反应不可预测,可能别人也就懒得配合你了。比如,像特朗普经常喜怒无常,情绪突变,口无遮拦;再比如赫鲁晓夫曾在联合国大会上脱下皮鞋来敲桌子;等等。

有时我们怕被骂,所以言行失当,这样并不利于沟通。

以谈论别人的缺点当作乐趣,是一种不道德的行为。

永远不要用充满优越感的轻蔑的态度去看待那些不如你的人、遇到了困难的人或者暂时处境艰难的人。

(二)自己

1. 成语、习语

聊以解嘲	聊以自慰	自我解嘲
唉声叹气	长吁短叹	悲痛欲绝
叫苦不迭	叫苦连天	叫苦叫累
自怨自怜	自怨自艾	埋怨

第八章 情感态度

忍气吞声	忍辱负重	忍无可忍
三缄其口	矢口抵赖	矢口否认
言不由衷	饮恨吞声	文过饰非
屈打成招	鸣冤叫屈	怨声载道
颐指气使	炫耀自己	自吹自擂
自我标榜	自命不凡	自命清高
置若罔闻	主观臆断	固执己见
专横跋扈	偏听偏信	秋风过耳
听而不闻	耳边风	充耳不闻
不闻不问	妄自菲薄	妄自尊大

自己不动，叫天何用？　　自己的鹅都说是天鹅。

自己有弱点，勿揭他人短。　　拙匠总怪工具差。

自我吹嘘卑鄙。　　自我吹嘘绝不可取。

自我标榜等于自我诽谤。

2. 名篇、名言

侬今葬花人笑痴，他年葬侬知是谁？　　（［清］曹雪芹《红楼梦·葬花辞》）

再没有什么比欺骗自己更容易的了。　　（［古希腊］德摩西尼①）

我们总是爱赞扬我们的人，而不爱为我们所赞扬的人。（［爱尔兰］萧伯纳②）

在所有的过错中，我们最易于原谅的就是懒散。　　（［法

---

① 百度知道（https://zhidao.baidu.com/question/814388918516559932.html）．2020－7－9．

② 百度文库（https://wenku.baidu.com/view/027f5e003a3567ec102de2bd960590c69ec3d8c3.html）．2020－7－9．

说话的艺术

国]拉罗什富科①)

人类通常像狗,听到远处有狗吠,自己也吠叫一番。([法国]伏尔泰,转引自李华木,2000:197)

赞扬自己,被认为不恰当、不谦虚,但赞扬自己的派别、自己的哲学则被视作崇高的责任。 ([俄国]列夫·托尔斯泰②)

我相信,自己绝不至于老到在没有话说时仍然大言不惭。([美国]林肯,转引自卡耐基,1987:180-181)

3. 摘句、摘语

世上最难做到的一件事,便是承认自己错了。

太在意别人的看法,最后会有两种结局:要么自己累死,要么让别人整死。

在交谈时,人们很自然地谈论自己感兴趣的事,而不太关注对方在想什么。

不屑夸奖别人,觉得别人不如自己;不敢夸奖别人,怕被人说成拍马屁;认为是哥们儿或者夫妻关系好,不必夸奖;认为不能夸奖对方,夸了就会翘尾巴;想夸奖,但不好意思,开不了口;明知道别人的优点,眼红、嫉妒不肯夸。

如果你总反复说自己正确,你会发现你错了。

随大流,人们会说你好。

自鸣得意的结果,经常是自敲丧钟,成为人们嘴里的笑料。

---

① 语文迷(http://www.yuwenmi.com/ju/1067454.html). 2020-7-9.

② 百度文库(https://wenku.baidu.com/view/31ff5720a100a6c30c22590102020740be1ecd82.html). 2020-7-9.

第八章 情感态度

（三）对方

1．成语、习语

不容置喙	不容置疑	不容分说
不由分说	振振有词	念念有词
惺惺作态	阳奉阴违	假惺惺
大言不惭	得意妄言	拿腔作调
暴跳如雷	大发雷霆	横加指责
狂风暴雨	言辞苛刻	气焰嚣张
含沙射影	含血喷人	花言巧语
嘲讽	揶揄	挖苦
打圆场	和稀泥	八面玲珑
扣帽子	扣屎盆子	寻事生非
恶语中伤	恶声恶气	粗声粗气
粗言劣语	疾言厉色	声色俱厉
冷嘲热讽	冷言冷语	幸灾乐祸
求全责备	吹毛求疵	抬杠
挑刺儿	挑字眼	推三阻四
色厉内荏	盛气凌人	无理取闹
奴颜婢膝	奴颜媚骨	逆来顺受
唯唯诺诺	胁肩谄笑	俯首帖耳
俯首听命	跪地求饶	言听计从
趋炎附势	曲意逢迎	称兄道弟
两面讨好	两面三刀	摇尾乞怜
臭味相投	一拍即合	一面如旧

两雀争一穗，必然不相让。

会唱歌的鸟，不愿唱也得叫它唱。

卖家总夸自己的货好，买家总嫌别人的货差。

谁给我面包吃，我就为谁唱赞歌。

愿意谈判的城堡马上就会投降。

公民的不满乃是敌人的机会。

对弱者发脾气，证明你自己并不是很强。

2. 名篇、名言

可你却总是笑我，一无所有。　　［崔健《一无所有》（歌词）］

嫉，先创己然后创人，击人得击，是不得除。　　（［古印度］《法句经》①）

嫉妒是一种恨，此种恨对他人的幸福感到痛苦，对他人的灾祸感到快乐。　　（［荷兰］斯宾诺莎，转引自李华木，2000：358）

如果你握紧了拳头来找我，我想我可以向你保证，我的拳头会握得和你一样紧。　　（［美国］伍德罗·威尔逊，转引自卡耐基，2011b：116）

跟你说话的人，对他自己的需要和问题比对你的问题感兴趣百倍。他对自己脖子上的一个小疖子的兴趣，也许比关注非洲四十次地震还要多。　　（［美国］卡耐基，2011b：75）

你伤害过谁，也许早已忘了，可是被你伤害的那个人永远不会忘记你，他决不会记住你的优点。　　（［美国］卡耐基，转引自李华木，2000：2）

你无法赢得争论。因为如果你失败了，自然是输家。如果你赢得了辩论，还是输家。为什么呢？假如你辩赢了对方，把

---

① 个人图书馆（http://www.360doc.com/content/18/0803/19/1705081_775475134.shtml）．2020-7-9．

第八章　情感态度

对方的意见批驳得体无完肤，甚至证明了他是神经错乱，那又怎么样呢？你可能会很高兴，可是对方如何呢？你使他感到自卑，你伤了他的自尊，他会恨你。而且，他的观念也不会有丝毫改变，仍然会固执地坚持己见。（［美国］卡耐基，2011b：94）

对他人的评价耿耿于怀的人，受到赞扬就忘乎所以的人，受到批评就怨恨对方的人，都容易做虚荣的俘虏。（［日本］池田大作，转引自李华木，2000：19）

3．摘句、摘语

赶快赞同你的对手。

对小人低声下气时如果做不到诚心诚意，老奸巨猾的他们一眼便能识破。

沟通的目的不是要证明对方是错的，而是证明自己是对的。大多数人沟通时表现得更像是在指责对方，而不是解决问题。

几乎所有你遇见的人，都会说他自己在某方面比你优秀。

那些说话伤人的人，多半因为没有为别人着想，总是从自己的角度或者从负面去想。

你得心平气和地接受别人说你不好，当然如果对方不是批评你，而是诋毁你、攻击你、针对你这个人，那就另当别论。

尽量不要发生争吵。争吵时也不要将对方骂得很难听，或者故意抹黑对方，甚至将对方说得一无是处。

如果你在盛怒之下对人发了一通脾气，可能宣泄了你的情绪，感觉好受了，可是别人会怎么样呢？他能分享你的快乐吗？你那挑战的口气、仇视的态度，能让他轻易接受你的观点吗？

（四）异性

1. 成语、习语

一旦接吻，心被掳走。　　　　　贞女的美貌招致怨言。

2. 名篇、名言

莫待是非来入耳，从前恩爱反成仇。　（［明］《增广贤文》）

男子只要有人奉承、使他的骄傲与欲望获得满足，就极容易上当，而富于幻想的艺术家更容易受骗。　（［法国］罗曼·罗兰，转引自李华木，2000：200）

3. 摘句、摘语

两个人之间，尤其双方都是独生子女，相对都比较自我，但有些话是不能说的，比如"我后悔和你在一起！"如果不是气话，那还不如赶紧分手。

女人好搬弄是非。

没有什么能比女人的舌头更锋利的了。

解释就是掩饰，掩饰就是不老实，不老实就是欠收拾。

（五）职场

1. 成语、习语

| 谄上欺下 | 打官腔 | 发牢骚 |
| 牢骚满腹 | 踢皮球 | 居功诿过 |

厨子总是称赞自己做的汤好。

店铺老板总夸自己的货物好。

只许州官放火，不许百姓点灯。

2. 名篇、名言

民不畏死，奈何以死惧之？　（［春秋］老子《道德经·

第八章 情感态度

第七十四章》，转引自钱厚生，2010：218）

为赋新词强说愁。（［南宋］辛弃疾《丑奴儿·书博山道中壁》）

无故而怨天，天必不许；无故而尤人，人必不服。（［清］曾国藩，转引自郦波，2011b：238）

牢骚太盛防肠断，风物长宜放眼量。（毛泽东《七律·和柳亚子先生》）

不讲党性，不讲原则，说话做事看来头、看风向，满以为这样不会犯错误，其实随风倒本身就是一个违反共产党员党性的大错误。……思想一僵化，不从实际出发的本本主义也就严重起来了。书上没有的，文件上没有的，领导人没有讲过的，就不敢多说一句话，多做一件事，一切照抄照搬照转，这样就会把对上级负责和对人民负责对立起来。（邓小平《解放思想，实事求是，团结一致向前看》）

中华民族伟大复兴，绝不是轻轻松松、敲锣打鼓就能实现的。（习近平[①]）

如果水手辱骂舵手或病人辱骂医生，他们还会听任何别的人的意见吗？或者舵手能保证那些在船上的人的安全，医生能保证那些他所诊治的人的健康吗？（［古罗马］马可·奥列留·安东尼《沉思录》[②]）

不要因为别人意见与你不同，就想把他的脑子敲出来。敲你自己的脑门还有些道理，因为你与10年前的自己都不可能

[①] 新华网（http://www.xinhuanet.com/politics/19cpcnc/2017-10/27/c_1121867529.htm）.2020-7-9.

[②] 豆瓣（https://www.douban.com/group/topic/13395957/）.2020-7-9.

相同了。（［美国］贺拉斯·曼，转引自卡耐基，1987：121）

那些公开为工作与生活的问题而斗争、动辄要求公司提供帮助的人，会被当作动摇不定、摆资格、不愿意承担义务或者无能的人，或者以上全部。（［美国］杰克·韦尔奇①）

粗暴的命令产生的怨恨持久难平，即使这个命令是出于要纠正非常严重的错误的考虑。（［美国］卡耐基，2011b：176）

3．摘句、摘语

有的人只知道抱怨老板、吐槽单位、埋怨别人，却不反省反省自己。

哪怕你是单位里的业务骨干，但放到全国、全世界范围可能就不算什么了，为什么不放低身段跟其他人都搞好关系呢？

不主动与老板交往说话、向他汇报，可以说是一种对自己的前程和发展极其不负责任的态度与行为。

常常抱怨工作或公司的人，终其一生绝不会有真正的成功。你觉得领导会重用一个爱抱怨的人吗？

不要打击下级，因为下级是你的左臂右膀；也不要冒犯上级，因为上级会在更重要的时候帮到你。

不要因为岗位变动不合自己的心意就开始抱怨，将不满情绪写在脸上、意志消沉甚至辞去工作。

成千上万的推销员四处奔波，他们疲倦、气馁，收入又少，他们没有意识到那些顾客并不想买任何东西，而且他们对帮助别人并不感兴趣，他们关心的就是他们自己的销售业绩。

那些懒惰的、终日抱怨和四处诽谤的人，即使独立创业为

---

① 豆丁（https://www.docin.com/p-2170903905.html）．2020-7-9．

第八章 情感态度

自己做事，也无法改变这些恶习而获得成功。一种职业的责任感和对事业高度的忠诚一旦养成，会让你成为一个值得信赖的人，可以被委以重任的人，这种人永远会被老板所看重，永远不会失业。忠诚和敬业，并不仅仅有益于公司和老板，最大的受益者是我们自己，是整个社会。

批评也许会起一时的作用，却无法长久地改变别人，还常常引起他们的不满。批评所造成的怨恨会使雇员们士气受挫，让家庭成员和朋友们情绪低落。

人一旦傲慢，就会让同事讨厌、领导疏远，孤掌难鸣，什么事都做不成了。所以要想去除这个"傲"字，就得从欣赏他人、夸奖他人开始。

管不住嘴巴却又站在权力的位置上，是有很大危险的，而自大更是取祸之道。

我们现在都变成了借口专家，我们为什么不能把工作做得更完美呢？然而，人们告诉我的却是各种各样的借口。

一旦顶撞了掌权者或是遭其厌恶，你将无法大展宏图，你应该投靠有权有势之人来实现自身工作的价值与意义，除非你不想在这个组织中实现自己的目标。

（六）家庭

1．成语、习语

妇人长舌

妇人劝告不起眼，拒不听取是蠢材。

2．名篇、名言

忽见陌头杨柳色，悔教夫婿觅封侯。　（［唐］王昌龄《闺怨》）

家中不和邻里欺，邻里不和说是非。　（［明］《增广贤

说话的艺术

文》)

相论逞英豪,家计渐渐消。 ([明]《增广贤文》)

因小事而生嫌衅,实吾度量不闳,辞气不平,有以致之,实有愧于为长兄之道。千愧万悔,夫复何言! ([清]曾国藩《曾国藩家书》①)

她在家忙得团团转,而正因为太忙,事情未必办得好;你又心急又挑剔,看了不满意,难免一言半语怪怨她,叫她吃力不讨好,弄得怨气冲天,影响俩人的感情,又是何苦呢! (傅雷,转引自傅敏,2004:348)

孩子,我真恨不得天天在你旁边,做个监护的好天使,随时勉励你、安慰你、劝告你,帮你铺平将来的路,准备将来的学业和人格。 (傅雷,转引自傅敏,2004:49)

不要担心孩子不听你的话,而要担心他们总是注视着你。([美国]罗伯特·傅伦②)

自古以来,人们就普遍存在着一种诿过于人的不良倾向。小孩子都喜欢责骂那些没有生命的东西或者毫不相干的人。想想你自己,你是否喜欢责怪父母、老板、师长、配偶或儿女,我们甚至喜欢责怪先祖、政府以及整个社会,甚至责怪自己不应该来到人世,因为责怪别人和外部环境比自己担负起责任肯定要容易得多。一个人迈向成熟的第一步应该是敢于承担责任、不去偷懒,敢于从自身寻找原因和不足,绝不可在受难或跌倒的时候,像孩子一样去踢椅子出气。 ([美国]卡耐基,摘自卡耐基,2011a:167)

---

① 个人图书馆(http://www.360doc.com/content/17/0327/17/7544182_640604401.shtml). 2020-7-9.

② 敬乐园(https://www.thejl.cn/topic/39). 2020-7-9.

第八章 情感态度

3．摘句、摘语

当你需要在公共场合发言时，你就觉得头脑木讷、思维混乱，这不是你的表达有问题，而是你的情绪过于紧张，你可以事先在家人面前练一练，发言时多盯着熟悉的人看，就好了。

两个人吵架时，如果对另一半说"你又怎么了？"一方面表明你不耐烦、自私，另一方面表明你对 TA 缺乏关心、关爱。

每个人都很辛苦，不对爱你的人乱发脾气是最基本的责任。

我们犯的最大一个错误就是对陌生人微笑、跟亲爱的人争吵。

语言暴力是对家人，尤其是对孩子的精神虐待。

允许孩子干任何事情，这就是溺爱。同意孩子的感受，并不意味着同意他做你不允许的事情。

中国家长都吝于给孩子赞美和肯定，其实不是孩子太难管，而是家长自己可能太自卑，害怕孩子有了自信，自己就管不住。

如果一个女人开口就用命令的口吻对她的丈夫说话，这个男人一定会因为太多的压抑而爆发，乃至毁伤爱情、婚姻和家庭。

夫妻之间、情侣之间，只要相爱，又何必计较输赢呢？你吵赢了，吵到他低头认输、恼羞成怒、离家出走，这样你就真的赢了吗？

三、对"情感态度"的客观表述

(一) 泛指

1. 成语、习语

念念不忘　　　情见乎辞　　　人言啧啧
世态炎凉　　　讨个说法　　　无咎无誉
嬉笑怒骂　　　顺耳

欺人是祸,饶人是福。
祸自怨起,而福由德兴。
笑一笑十年少,愁一愁白了头。
良言一句三冬暖,恶语伤人六月寒。
唱歌的人并非都是因为高兴才唱。
咒诅使人振奋,赞美使人轻松。

2. 名篇、名言

一朝之忿,忘其身以及其亲,非惑欤?（[春秋]《论语·颜渊》）

与人善言暖于布帛,伤人以言深于矛戟。（[战国]《荀子·荣辱》,转引自钱厚生,2010：434）

爱而知其恶,憎而知其善。（[西汉]《礼记·曲礼上》,转引自钱厚生,2010：1）

既不要把重大事件说得随随便便,也不要把琐碎的小事说

第八章　情感态度

得冠冕堂皇。（［古希腊］亚里士多德《修辞学》[①]）

别人若是不愿听，你就最好抓住自己的舌头。（［英国］查斯特菲尔德，转引自卡耐基，1987：105）

自我夸耀不同于与人分享，与人分享是伟大的，自我夸耀却不是。（［美国］瑞芬伯，2005：159）

让我们遵守这条金科玉律：你希望别人怎样对待你，你就得先怎样去对待别人。（［美国］卡耐基，2011b：81）

3．摘句、摘语

朗读作品，一般可分为欢快型、庄严型、颂赞型、祈愿型、哀怨型、激动型、贬斥型、痛惜型。

劝酒要适度，拒酒要得体，饮酒要适量。

当别人起哄要你请客的时候，最好的应对就是当成开玩笑。

别人骂你，你回骂他，这叫吵架；别人赞美你，你也赞美他，这就叫社交。

赞赏是需要谨慎的。有些赞赏可能会让被赞赏的人产生怀疑、导致否认、带来压力、引起焦虑和紧张、干扰他们的行动，赞赏可能会让我们关注到自己的弱项，还可能会感到被控制。

命令的话，没人爱听；商量的话，人人都爱听。

"你会这样想（这样看），其实很正常。"说这句话时，你可以面带微笑、耐心解释，也可以话里有话。

弱者让情绪控制言语和行动，强者用言语和行动来控制情绪。

[①] 掌阅（https://m.zhangyue.com/readbook/10007072/5.html?p2=104550）．2020－7－9．

说话的艺术

用反问的方式，态度显得比较柔软；用陈述的方式，态度显得比较武断，容易让人产生抗拒心理。

"有意思"，这三个字用来接话是几乎万能的。

语言是情绪的催化剂，改变语言就可以改变情绪。语言不要过分生硬和绝对、夸张，多用积极的语言来描述你的生活。

对顾客、对上司、对长辈，顺着他们去说话并不难，难就难在你是不是很享受这种方式。

如果你讲什么人家都不太愿意听，那么你就应该好好地反思一下自己是不是不够尊重人家，或者方法和态度出了什么问题。

（二）朋友

1．名篇、名言

悲莫悲兮生别离，乐莫乐兮新相知。（［战国］屈原《九歌·少司命》）

把朋友的错误告诉他，这是对友谊最严厉的考验之一。（［美国］亨利·华德·必彻，转引自卡耐基，1987：124）

2．摘句、摘语

朋友宣扬你的美德，对敌人则夸大他们的罪行。

哪怕是朋友之间，也没必要讲过多和过头的话，免得日后成为别人搬弄你是非的把柄。

（三）职场

1．名篇、名言

君之视臣如手足，则臣视君如腹心；君之视臣如犬马，则臣视君如国人；君之视臣如土芥，则臣视君如寇仇。（［战国］《孟子·离娄下》）

善于作自我批评的人永远受到信任,而好往自己脸上贴金的人是决不会受到信任的。（［法国］蒙田《随笔集》①）

老板宁愿用一个有着可爱微笑、但可能小学还没毕业的女孩子,也不愿意雇用一个脸上冷若冰霜的哲学博士。（［美国］卡耐基,2011b:55）

2．摘句、摘语:

遇到同事之间起冲突的事情,怎么办？劝和！

一个心不在焉的、粗暴而又话少的售货员,会使顾客对商店感觉不好。付工资给售货员不仅仅是要她卖货,还要她亲切和蔼,为商店树立良好的形象。

（四）家庭

1．名篇、名言

两次电话中你没有叫我,大概你太紧张,当然不是争规矩,而是少听见一声"爸爸"好像大有损失,妈妈听你每次叫她,才高兴呢！（傅雷,转引自傅敏,2004:352）

说不说由我,听不听由你们；知无不言,言无不尽,朋友之间尚且如此,何况父母子女！有什么忌讳呢？（傅雷,转引自傅敏,2004:205）

2．摘句、摘语

面对亲人,再愤怒也不要说狠话、不吉利和不中听的话。盛怒之下,如果控制不住自己的嘴巴,弄不好就会酿出不可逆

---

① 可可诗词（https://www.kekeshici.com/mingyanmingju/zhongwai/91818.html）．2020-7-9.

说话的艺术

转的意外悲剧。一方在吵,另一方就要冷静不说话,或者用一句"我爱你"来结束争吵和矛盾吧。

商商量量是恩爱,霸道傲慢成路人。

第九章 礼节习俗

> **【本章导语】**
> 人们在说话沟通中,是否讲礼貌、重礼节,是否充分考虑各自的风俗习惯等,是衡量说话沟通双方素质高下、修养好坏与沟通交往质量优劣的重要标尺。

一、"礼节习俗"比较周全

> **【经典故事】**
> ### 晏子不卑不亢
> 晏子是我国春秋时期著名的政治家、雄辩家,许多人都知道他出使楚国的故事,我们这里再介绍一个"晏子使吴"的故事:
> 有一次晏子奉齐王之命出使吴国。当晏子到吴宫去拜见吴王夫差时,只听得侍卫出来传话喊道:"天子接见齐使晏婴!"晏子听到传呼,心里不免一愣,感到有点不大对头,"天子接见!"他想,"只有周天子才可称'天子',吴国不过是周朝下属的一个小国,吴王怎么也冒称起'天子'来

说话的艺术

了,这不是在故意侮辱我的人格和齐国的国格吗?"想到这里,他便打定主意,假装没有听见,故意不进宫门。吴王的侍卫见晏子无动于衷,以为他真的没有听见,便又靠近他的耳朵,拉开嗓门高喊:"天子接见!"这下,晏子显示出特别惊讶的神情,说道:"哎呀!我晏婴怎么今日变得如此糊涂了。我本来是齐国君主派遣到吴国去的呀,怎么竟搞错方向跑到周天子的大殿里来了呢?实在抱歉!"说完,一拱手,掉转头就走。

侍卫赶紧叫住他,但又不好再说什么。为了使侍卫下台,晏子说:"那好,我要找吴王,请问,该往哪里走?"侍卫赶忙说:"好好,请等一下,我去问问就来!"吴王听侍卫回报以后,无可奈何,只得令人传话:"夫差请见!"这时,晏子才昂然而入,晋见吴王。

【简要述评】

在人际交往中,不卑不亢永远是我们必须遵循的一条十分重要的准则。

(一) 从方式上

1. 沟通

(1) 成语、习语

不卑不亢　　　　令行禁止
抛砖引玉　　　　婉言谢绝
说是说、笑是笑。　　　玩是玩、笑是笑。
不耻下问、无坚不摧。
礼貌的言辞能打开铁门。

第九章 礼节习俗

切莫对不如你幸运的人大谈你的幸福。

静坐常思己过,闲谈莫议人非。

(2)名篇、名言

会说话的人,人生都不会太差。(梁实秋①)

敛容执礼仪,敬问彼和安。([古印度]马鸣《佛所行赞》②)

如果人的行为应该相互影响,就应采取劝说的方式,和蔼而不矜持的劝说方式。([美国]林肯,转引自卡耐基,1987:118)

要想不伤感情、不引起憎恨而又能够改变别人的错误,你也不要忘记了第三个信条:批评他人时先谈自己的错误。([美国]卡耐基,转引自李华木,2000:22)

(3)摘句、摘语

说话是一门艺术,会说话是一种修养。

开玩笑要适度。

交谈时要尽量让对方把话说完,不要轻易打断对方的谈话,要有耐心。

交谈时最重要的五个字是:"我以你为荣!"四个字是:"您怎么看?"三个字是:"麻烦您!"两个字是:"谢谢!"一个字是"你"。最次要的一个字是什么呢?是"我"。

---

① 百度百科(https://baike.baidu.com/item/%E4%BC%9A%E8%AF%B4%E8%AF%9D%E7%9A%84%E4%BA%BA%EF%BC%8C%E4%BA%BA%E7%94%9F%E9%83%BD%E4%B8%8D%E4%BC%9A%E5%A4%AA%E5%B7%AE/19266192?fr=aladdin). 2020 - 7 - 9.

② 道客巴巴(https://www.doc88.com/p - 0324730503936.html). 2020 - 7 - 9.

说话的艺术

　　结束聊天,包括网络聊天,应选择一个自然的过渡,适可而止、见好就收,尽量照顾他人的情绪,做最后结束聊天的那个人。
　　看到有空座位时,最好礼貌地问一下能不能坐。
　　礼貌,就是以最善良的方式做最善良的事、说最善良的话。
　　礼貌用语也要恰如其分、不亢不卑,否则人家会认为你是暗藏心机。
　　如果你和一位盲人在同一个屋子里,向他描述室内的布局或介绍屋里其他的人,是一种非常有礼貌的做法。
　　如果你想帮助一个人改变,先要说服他建立自尊。
　　如果你想拒绝别人又担心人家会介意,还不如干脆把话委婉地说开,这样既体现了你的善意,也体现了对他人的尊重。
　　谈话时,双方应互相正视、互相倾听,不要东张西望、左顾右盼,不应心不在焉,更不能傲慢无礼。
　　在听别人说话的时候,我们的眼睛要正视对方,并和对方进行目光交流。
　　无论是要求别人捐款还是去当志愿者,都必须要有正当的理由,不能用"漫天要价,就地还钱"的市井伎俩。
　　虚心求教,不犯错误。
　　伤人自尊心的话语,千万不要说。
　　因为关系亲密,有时我们会想当然地误以为不需要提什么要求对方就会想到并做到,但这样,倒不如直接说"你如果能够这么这么做,我就会很开心的"。
　　说话时尽量用"我们",而不用"我"。
　　每天向你周围的人问声"早上好!"
　　批评他人时,首先要想出好的办法来保住对方的面子。

第九章　礼节习俗

　　在介绍人们互相认识时，一定要先介绍客人、女的、年长的、地位高的和更为重要的一方。

　　在碰到有人想加入自己的交谈时，通常应来者不拒。但是，如果自己确有私事，也应婉言相告。一旦同意他人加入谈话，就不要有意冷场，否则会使他人无所适从。

　　遇到大牛，在说出"想加您一个微信"这句话时，一定要说一句"我能为您做些什么？"这样才显得更有诚意。

　　遇到熟人在一起交谈时，如果打算加入，一定要事先征得同意，不要以为是熟人就可随意加入别人的谈话。加入后，应当甘当配角，不可自己口若悬河、滔滔不绝地唱起主角来。

　　在与人讨论时，无论你的态度是赞成还是反对，都不能忘记要待人有礼、尊重他人，同时注意你的用词。

　　只要对方初次见面时报了他的姓名，你就应该也报上你的姓名，哪怕对方是国家元首。

2. 夸赞

（1）名篇、名言

　　想要批评人时，咬住舌头，想要赞美人时、高声表达。（［美国］奥格·曼狄诺《羊皮卷》[①]）

　　夸赞别人是种很奇怪的经验，你夸赞别人越多，就会发现自己受惠也越多，世上几乎没有什么别的事能比这种经验更有趣。（古龙，转引自李华木，2000：17）

　　赞美是美德的影子。（［英国］塞·巴特勒[②]）

　　赞美别人，就是把自己放在同他一样的水平上。（［德

[①] 最句子（https://www.zuijuzi.com/ju/13361）. 2020 – 7 – 9.

[②] 百度贴吧（https://tieba.baidu.com/p/2572127596?red_tag=0078477243）. 2020 – 7 – 9.

说话的艺术

国〕歌德,转引自李华木,2000:18)

(2) 摘句、摘语

赞美人,要具体、深入、细致。

学会欣赏和赞美别人。

夸奖别人就是最好的请教方式。

对逝者唯有赞美。

别人赞美你一句,你回一句赞美,这就叫礼貌。

储备那些看上去没有什么意义但却十分动听的话,学会在需要它们时出口成章,你也许就能成为大师或权威。

称赞他人是得到人心最简单、最有效的方法。

赞美敌人,是一种很高的说话艺术和人生修养。

有前后对比、有落差的赞美,更容易拉近你跟对方的关系。

3. 道谢

(1) 成语、习语

感恩戴德

过河当谢修桥人。

(2) 名篇、名言

受人恩情,当为将来报答之地,不可多求人也。(〔清〕曾国藩,转引自李华木,2000:1)

(3) 摘句、摘语

一声感谢,变怨恨为友谊。

别人帮了你大忙,你应该用实际行动来回报对方。你帮了别人的大忙,最好半开玩笑地说:"没事,下次就轮到我麻烦你了。"

别人给你东西时,你都要说"谢谢你",你没有任何理由不表达谢意。如果你不说,那么别人三秒钟之内就可以收回。

大恩不言谢，不是说不要感谢，而是要用实际行动表示感谢。

对你身边的人，如亲友、同事、老板，要及时说出你对他们的谢意，并且要说出你感谢他们的原因。

4．尊重

(1) 成语、习语

善气迎人　　　　　　　　天保九如
礼多人不怪。　　　　　　客气不吃亏。
彬彬有礼，惠而不费。　　谦恭有礼，惠而不费。
欲受人敬，先要敬人。　　君须自敬，人乃敬之。
打人不打脸，骂人不揭短。
终身让路，不枉百步；终身让畔，不失一段。

(2) 名篇、名言

君子上交不谄，下交不渎。（［周］《周易·系辞下》，邓球柏，1993：451)

君子敬而无失，与人恭而有礼，四海之内皆兄弟也。（［春秋］《论语·颜渊》)

君子有九思：视思明，听思聪，色思温，貌思恭，言思忠，事思敬，疑思问，忿思难，见得思义。（［春秋］《论语·季氏》)

非礼勿视，非礼勿听，非礼勿言，非礼勿行，非礼勿动。（［春秋］《论语·颜渊》)

爱人者人恒爱之，敬人者人恒敬之。（［战国］《孟子·离娄下》)

古之君子交绝，不出恶声。（［战国］乐毅，转引自钱厚生，2010：115)

欲论人者，必先自论。（［战国］吕不韦，转引自钱厚

说话的艺术

生，2010：437）

不以其所能者病人，不以人之所不能者愧人。（［汉］《礼记·表记》）

古之君子，其责己也重以周，其待人也轻以约。（［唐］韩愈《原毁》）

触了行人脚后跟，告言得罪我当烹，此方引惹丘山重，彼却厚情羽发轻。（［元］吴亮，转引自唐异常、杨新正，2001：69）

只有和气去迎人，哪有相打得太平。（［明］《增广贤文》）

人不闲、勿事搅，人不安、勿话扰，人有短、切莫揭，人有私、切莫说。（［清］《弟子规》）

对别人述说自己，这是一种天性。因此，认真对待别人向你诉说他自己的事，这是一种教养。（［德国］歌德，转引自李华木，2000：280）

他是个有教养的人，便说些他知道会引起你兴趣、使你高兴的事，他是要让自己讨人喜欢。（［美国］威廉·菲尔普斯，转引自卡耐基，1987：113）

与人交谈时注意倾听，不要打断别人的话，设法知道对方的名字，切莫自以为了不起，假如自己错了就道歉，如果对方的陈述有误、绝不要断然地反驳他。（［美国］卡耐基，1987：110-111）

随时都准备说一声："谢谢！"（［日本］稻盛和夫，2009：118）

（3）摘句、摘语

说话时尊重别人，别人会更尊重你。

所有人都喜欢说话尊敬自己的人。

第九章　礼节习俗

若是有话说，就快点说，说了重点就停下，也给别人一个说话的机会。

从容不迫的言行举止，比起咄咄逼人的态度，更能令人心折。

不浪费他人时间就是最好的礼貌，废话连篇是污染环境。

不要参与任何对某个人或者某个群体有歧视、有偏见的谈论。

不要和正在给盲人引路的导盲犬戏耍、逗玩。

不要用尖刻的语言去批评别人，要谦虚、委婉地表达意见，这样你会赢得更多的朋友。

不要主动和残疾人谈论有关残疾方面的话题，除非他本人主动提出。

当别人给你东西时，不要对物品进行负面评价来侮辱人家，也不要暗示你不喜欢这个物品。

当你发现别人撒谎时，如果非拆穿不可，就早一点拆穿，甚至在他说谎说到一半的时候就打断他说"我不想听了"。否则等到结局不可收拾时，他一定会恨你一辈子。

说话要给他人留面子，让他人保全脸面。

别人邀请你吃饭或看电影时，你千万要记得，别人并不是为了伺候你而存在的，一定要注意自己的说话礼节，不要太冲。

恭敬不如从命。

和别人通电话时，不要首先挂掉电话。

会说话的人，总是用言语去肯定别人、关怀世界，使自己看得开、看得远，交更多的朋友，也活得更快乐。

即使是你不喜欢的客人，你也要面带笑容欢迎他。

平时的一些客气话，像"对不起""麻烦你""谢谢你"，

说话的艺术

这些简短的话像润滑油一样，缓和了单调的日常生活中的冲突，同时也表现出一个人的良好素质。

送客时，不管是送到门口或者机场、码头、车站，除了道别，还要在客人的身影完全消失后才能转身返回。

营造有"选择感"的话术，并不是欺骗对方，而是从对方角度出发，表现出你的关心和体谅。

优雅地拒绝别人才厚道，善意的谎言也是拒绝别人的小技巧。

言语中有点礼貌使生活愉快，多点礼貌使生活高尚。

遇到另有来客，前客应主动礼让后客，说："你们谈吧，我先告辞了。"

尊重每一个人。沟通中要想影响别人，先要满足对方的需求。

随时随地都要对人表达尊敬，并让对方真切感受到你对他的敬意。

尊重他人的意见。永远不能得理不饶人，永远不要说"你错了！"，永远不要指责他人"你晓得个鸟！"

碰到一些你认为不好的话题，你就当是别人放了一个屁，面带微笑、让它自动消失就行了。

道歉要尽早，而且要显示真诚，最好还要有补救的好办法。

5．忍让

（1）成语、习语

奉命唯谨

（2）名篇、名言

江海所以能为百谷王者，以其善下之故能为百谷王。是以圣人欲上民，必以言下之，欲先民，必以身后之。是以圣人处

上而民不重，处前而民不害。（［春秋］老子《道德经·第六十六章》）

夫唯不争，故无尤。（［春秋］老子《道德经·第八章》）

不知则问，不能则学，虽能必让，然后为德。（［战国］《荀子·非十二子》）

不能则学，不知则问，虽知必让，然后为知。（［西汉］韩婴，转引自钱厚生，2010：24）

宁让人、勿使人让我，宁容人、勿使人容我，宁吃人亏、勿使人吃我亏，宁受人气、勿使人受我气。（［明］杨继盛，转引自李华木，2000：344）

良好教养的顶点与其说表现在不与人争，不如说表现在热心助人。（［爱尔兰］理查德·斯蒂尔，转引自李华木，2000：279）

(3) 摘句、摘语

别人挤兑你，先忍忍，忍到一定程度，趁人多的时候小规模爆发一次，把你的脾气露出来，然后云淡风轻地过去。最后你会得到很多人的同情，而挤兑你的人会受到指责。

如果别人撞到了你，即使不是你的错，也要说"对不起"。

即使你对别人说的话不感兴趣，也千万不要露出冷淡的神色，一定要说"等一下再跟您聊"，否则就会树敌。

(二) 从对象上

1. 异性

(1) 成语、习语

少女应温良谦恭，敏于听而慎于言。

(2) 名篇、名言

投我以桃，报之以李。 （［周］《诗经·大雅》）

(3) 摘句、摘语

提出约会时，不管是用电话、书信还是微信等方式，都必须使用正规、文雅、礼貌的语言和对方协商。

约会时，关键是要让对方感到被重视，被你"看在眼里，放在心里"，如沐春风。

2. 师生

成语、习语

移樽就教

一日为师，终身为父。

3. 朋友

(1) 名篇、名言

访旧半为鬼，惊呼热衷肠。 （［唐］杜甫《赠卫八处士》）

如果你想树敌，就胜过你的朋友，可是如果你想获得更多的朋友，就让你的朋友胜过你。 （［法国］拉罗什富科，转引自卡耐基，2011b：132）

交朋友并影响对方意见的最稳妥的方法，就是尊重对方的意见、让他能有重要感。 （［美国］卡耐基，转引自李华木，2000：12）

(2) 摘句、摘语

到了亲友家门口，也要先轻轻敲门或按门铃。即使门开着，也要有礼貌地问"在家吗？"不要贸然闯入，以免别人措手不及。

该告别时就告别，即使是关系很好的朋友，也要控制好交谈的时间。要为对方考虑，以免影响他们的生活、工作。

朋友痛苦失意的时候不要炫耀自己或家人的得意事。在朋友面前不能端着架子，不要给对方随意贴标签，更不要肆无忌惮地吐槽他的缺点或打击、挖苦对方。

如果亲戚、朋友家里举行葬礼，你应该尽早亲自登门并向这家人表示慰问，还要问需不需要你的帮助。

如果你在一次聚会上喝醉了，第二天你应该主动打电话向主人道歉。

维持友谊需要做三件事：当面尊重他，背后赞扬他，及时帮助他。

（三）从场合上

1. 宴饮

摘句、摘语

对宾馆、餐馆的服务不满意时，不要小题大做或引起别人的注意，应该先向服务员或做错了事的人单独提出来，如果没有改正，再通知领班或者他们的领导。

在欧美餐馆里就餐时称呼女服务员为"小姐"没什么不妥，但一般不称呼男服务员为"先生"。

参加聚会时，如果你要提前离开，你只要单独和主人报告一声，再跟特别熟的朋友说一下就够了，不必惊动每一个人。

2. 职场

（1）成语、习语

负荆请罪　　　　　　　下车泣罪

（2）名篇、名言

君臣之间，当以礼相交，不可戏也。戏则不敬，不敬则慢，慢而无礼，悖逆将生。（［春秋］仇牧，转引自章岩，2019：30）

说话的艺术

乐民之乐者民亦乐其乐,忧民之忧者民亦忧其忧。([战国]《孟子·梁惠王下》,转引自钱厚生,2010:201)

爱与敬,其政之本与。 ([西汉]《礼记·哀公问》)

(3) 摘句、摘语

对等接待时,应彬彬有礼、热情融洽、不卑不亢;破格接待时,应真诚欢迎、认真倾听、耐心陪同;降格接待时,应热情大方、真诚干练。

上班的路上,不管遇到谁,都应该打招呼,不打招呼是不礼貌的,但不必花过长的时间。如果碰上领导,一般只要问候一下"早上好"就可以了,不需要闲聊。如果电梯里人很多,也可以不用说话,视线相遇时只需微笑、点头就行了。

如果你和领导一起等电梯,你要主动和领导打招呼,切忌闷头玩手机;要帮领导按电梯,让领导先进去并扶着门,进去后把视野好的位置让给领导。

不要对领导和同事说"这不是我的工作""我的工资不包括这部分内容"或"这不可能""我无能为力",而要说"我马上去做""我再试试"。你多做的那些工作,最后都会造福你自己。

领导、长辈催你,你最好说"马上就到!",而不要说"请等一下下"。

不要喧宾夺主,领导交代的事情不要自作主张,而要按吩咐去做。否则,目无领导、自作聪明,十分危险。

不要在别人背后搬弄是非,更不要非议公司或说领导的坏话。否则,哪怕你再有才,也很难得到上司的赏识。

打工作电话给别人时,别人接通电话后你要先报自己的姓名。

如果业务上的伙伴在电话里没完没了地说话,你就应该跟

第九章 礼节习俗

他说实话,告诉他你很忙、不得不挂断电话。在对方说话杂乱无章时,要他开门见山,或者请他把他想讲的问题先一一写下来,发文字给你。

当你战胜了对手、取得了成绩时,这个时候的讲话一定要谦虚低调,切记应淡化胜利、关照众人、弥合分歧、感谢队友。

当下属被免职、降职或没有受到重用时,有关领导有责任通知他,并且要好言耐心安抚,尽量使他以积极愉快的心情履新。

不管你是下属还是上级,碰到别人很忙时,谈话都不要占用对方太多时间。

和气生财有窍门:看见人就说得他年轻一点,看见别人拿的、穿戴的东西,就说这东西很贵。

和上司谈话时最好关掉手机,还可免去私下录音之嫌。

即使顾客不买产品也要表示感谢。

假如有人找你免费帮他一个在你行业范围内应收费的忙,你既不能坏了行规,也不能伤了感情:"不好意思,这是我们的行规,给您优惠点吧。"

老板不给你加工资,你可以找他汇报,没功劳还有苦劳,激起他的同情心。当然主要是靠你提升能力,这样才可能涨工资。

老板不愿意接电话时,秘书一定要先说老板不在、再问对方有什么事,绝不能先问对方有什么事、再说老板不在。

你要训你的下属,最好不要当着大家的面开骂,可以客客气气地请他到你的办公室,然后关上门小声地训他。

不要居高临下、指手画脚地评判他人,而要平等地沟通、交流。

说话的艺术

如果你想和同事搞好关系,建议你做一个倾听者,同时学着赞美这些同事,比如赞美女同事的衣着、男同事的才华。

同事在领导面前邀功,你就顺着他说;要是他把锅甩给你,你也不要当面说破,再单独找个机会向领导不带情绪地讲清楚。

如果你的同事在办公室门口问你一个简单的问题,你不必让座也不必站起身回答问题。如果是你的老板,你应该起身与他说话。如果他坐下,你当然也可以坐下。

进入别人的工作间时,你应该敲隔板或喊他的名字,这样做是出于尊重,因为那是他的地盘。

为了能让上级细致并准确地知道你的努力,你需要时常以汇报的名义详细地向他展示。

如果你的上司外出休假,你应该问一下遇到什么事必须给他打电话,还有他需要掌握、了解哪些情况。

如果你正在办理离婚手续,你应该私下告诉你的上司。因为有时会影响工作,免得他认为你工作草率。没必要告诉同事,除非你们关系非常好。

遇到老员工欺负你时,你不要跟他争吵,要始终面带微笑回应。如果你是对的,就直接说道理;如果你错了,就尽量多谈你是怎么辛苦、怎么勤奋、怎么想把事做好的初心。

在办公室最好不要打私人电话,即使是工作电话也不要说得过多、占用电话线路过久。

在会议或者仪式举行前,你完全可以向朋友打招呼。但会议开始后就不能闲聊、彼此介绍或者进行冗长的谈话了。

尊重基层员工的看法,你就能得到第一手最真实的信息。

如果你准时赴约,却要等对方好一会儿,你可以礼貌地表示不满。如果你不能再等下去,你可以和对方的秘书重新约定时间。不管你多么生对方的气,对秘书都应该彬彬有礼。

你有客人来谈业务,没必要把他介绍给在过道上遇见的每一个同事。如果是在你的办公室,有人进来时,你应做个简单的介绍。

解雇别人时,尽可能私下宣布,要注意自己的举止和顾及他人的自尊心,体现出人道的一面。

因为你要辞职,你的老板很不高兴。你可以和他面谈,但不要以同样的态度回敬他。你可以向他解释自己离职只与前途有关,还要感谢他给了你成长的机会。

不要轻易答应给解雇的职员写书面鉴定。你可以与将要雇他的公司方面进行电话交流,交流时你应该强调他的优点,而不要在缺点上泄私愤,可以解释他的工作虽然没有尽职,但在另一个职位上一定能发挥他的特长。

不要在办公场合过分提及女性的外表,也不要称呼人家为"最美的部门经理",因为你一定不会这样去说一名男士。

3. 家庭

(1) 成语、习语

相敬如宾

(2) 名篇、名言

少小离家老大回,乡音无改鬓毛衰。儿童相见不相识,笑问客从何处来。([唐] 贺知章《回乡偶书》)

骨肉之失欢,有本于至微而终至不可解者;有能先下气,则彼此酬复,遂好平时矣。([元] 吴亮,转引自唐异常、杨新正,2001:61)

人子事亲,存乎孝敬,怡声下气,昏定晨省。([元] 许名奎,转引自唐异常、杨新正,2001:95)

出必告,反必面。([清]《弟子规》)

长呼人、即代叫，人不在、己即到。（[清]《弟子规》）

父母呼、应勿缓，父母命、行勿懒，父母教、须敬听，父母责、须顺承。（[清]《弟子规》）

尊长前、声要低，低不闻、却非宜，进必趋、退必迟，问起对、视勿移。（[清]《弟子规》）

(3) 摘句、摘语

但愿少妇们对自己的丈夫都能像对陌生人那般有礼，任何男人都会被一张利口吓跑的。

家是一个"共荣圈"，夫妻之间、亲子之间有什么事应该好好商量，没有必要瞒着对方或单方面作出决定。

夫妻一方要把朋友带回家吃饭，或者临时需要出门或要晚些回来的话，一定要及时告诉对方。

二、"礼节习俗"不太周全

【经典故事】

尼克松反唇相讥

1959年，美国副总统尼克松赴苏联主持美国展览会。在尼克松赴苏之前不久，美国国会曾通过了一项被奴役国家的决议，对苏联和东欧社会主义国家进行了攻击。苏联领导人赫鲁晓夫对此耿耿于怀，因此，苏美双方在莫斯科会晤时，赫鲁晓夫就此事向尼克松发起了责难："我不理解你们国会在这么重要的一次国事访问前夕，通过这种决议。这使我想起了俄国农民的一句谚语'不要在茅房吃饭'。"接着，赫鲁晓夫怒气冲冲地说："这个决议臭极了，臭得像刚拉下来的马粪,没有比马粪更臭的东西了!"赫鲁晓夫出言粗俗,有失外交礼节,使尼克松不无难堪。但这位美国副总统也不甘示弱,当即予以回敬:"我想主席先生大概搞错了,比马粪臭的东西是有的,那就是猪粪!"赫鲁晓夫一听,不由得脸上泛起了一阵难堪的红晕。原来,尼克松的话语中隐寓着赫鲁晓夫的出身(赫鲁晓夫年轻时当过猪倌),赫鲁晓夫只好主动岔开话题,缓和交谈气氛。

【简要述评】

对于那些在人际交往中不讲礼节、不懂礼貌的人来说,也许对付他们最好的办法就是以子之矛、攻子之盾,反唇相讥,针锋相对。

(一) 沟通不够良好

1. 成语、习语

出言不逊	出口伤人	破口大骂
反唇相讥	恭维话	喝倒彩
蛮不讲理	呼幺喝六	张牙舞爪
道人短长	揭人隐私	骂狗欺主

2. 名篇、名言

言非礼义,谓之自暴也。 ([战国]《孟子·离娄上》)

3. 摘句、摘语

总喜欢爆粗口是毛病,得治。

随便打断别人说话或中途插话,是不礼貌的行为。说脏话、说粗话,更不礼貌。

自我介绍时,忌"我"字连篇、不着边际,得意忘形,故意卖弄。

批评人时，应将"你这样做不对"改为"你这样做对吗?"，将"我认为你不对"改为"大家都认为你不对"；不要攻击人家的缺陷、干涉别人的私事，应实事求是、就事论事。

如果你想让人远远躲开你、在背后嘲笑你甚至轻视你，有个很好的办法就是：你永远不会仔细听任何人讲话、总是不断地谈论你自己，尤其是别人正说话时你有了见解，不等对方把话讲完就打断他、说出你的观点来。

见面时不问候，分手时不告别，失礼时不道歉。

小狗相见不相识，吠问客从何处来。

说话时腿不要乱跷、乱晃、乱抖，更不要一边说话一边修指甲、剔牙齿、挖耳朵、搔痒等。

如果你说的话让对方不舒服、烦躁、恼火甚至生气、发怒，那你肯定就不能算是在好好说话了。

（二）态度不够端正

1. 成语、习语

不识抬举　　　嗤之以鼻　　　大骄若谦
低三下四　　　低声下气　　　乞哀告怜
气急败坏　　　气势汹汹　　　前呼后拥
最后通牒　　　下逐客令　　　请君入瓮
三请四邀　　　油腔滑调　　　油嘴滑舌
寻开心　　　　揭短

敬酒不吃吃罚酒。

魔鬼受吹捧，也会有礼貌。

2. 名篇、名言

以直报怨，以德报德。　　　（［春秋］《论语·宪问》）

今人而无礼,虽能言,不亦禽兽之心乎?　([西汉]《礼记·曲礼上》)

将不可骄、骄则失礼,失礼则人离,人离则众叛。([三国]诸葛亮,转引自李华木,2000：15)

即使在我们绝对正确而他人完全错误的情况下,如果我们让别人丧失了颜面,我们自己也会受到伤害。([美国]卡耐基,2011b：180)

3. 摘句、摘语

人不谦恭,灾祸临头。　　　你不敬人,人不敬你。
拒人千里之外。
不要以为捉弄他人也是开玩笑。
当别人不愿意告诉我们时,我们再不识趣地强人所难,那就是不近人情、欺人太甚,到哪里都会讨人厌。
过分谦虚就是骄傲。
上天反对说话傲慢无礼的人。
说话直,就是没礼貌、讨人嫌,人生一定费力不讨好。

(三) 考虑不够细密

1. 成语、习语

不情之请　　　　　喧宾夺主
太岁头上动土。

2. 名篇、名言

夫人必自侮,然后人侮之。　([战国]《孟子·离娄上》)

相逢不饮空归去,洞口桃花也笑人。　([明]《增广贤文》)

相熟的人表现出恭而敬之的样子总是叫人感到可笑。

([德国] 歌德《歌德的格言和感想集》[①])

3. 摘句、摘语

否定别人的观点,在对方眼中往往等于否定他本人。你可以创造一个"稻草人",变成用别人的观点来委婉地提出意见。

对坏事的礼遇就是批评它,但碍于面子,还是没开口。

用言语伤害一个人的尊严就是犯罪。

只顾炫耀自己,全然不顾对方的感受,自己开心而让别人难受,这就是典型的缺乏利他之心、不肯尊重他人。

只谈论自己的人只会考虑他们自己。那些只会考虑他们自己的人是无药可救的,无论他曾经接受过什么样的教育,仍然跟没有受过教育一样。

(四)关于"职场"

1. 成语、习语

卑躬屈膝　　　　　　犯颜直谏
摆臭架子(摆架子)　　摆谱儿

2. 摘句、摘语

工作上犯了错就用加倍的努力来补偿,不恰当的道歉反而让对方更恼火。当面道歉,应先道歉再说明情况;发邮件道歉,应先说明理由。道歉时,辩解与借口少说为妙;有时,也不可过度道歉。可用小礼物作为道歉的证明,警惕自己重蹈覆辙。

你去找一个毫无权力的小职员盖章,但如果你对他说话不

---

① 百度文库(https://wenku.baidu.com/view/b3a7340b51e2524de518964bcf84b9d529ea2cda.html)。2020-7-9.

客气，他也可能给你增加麻烦，最起码他不痛快的话，可以拖时间。

"这事你不知道""这事你不懂"，这样说话会伤害领导和同事，对他们产生不敬。

如果办公室的男士总称呼女士们"宝贝儿""亲爱的"，那么女士应该向他讲明不要这样叫，要称呼她们的姓名。

女性遇上男同事讲粗话时不要小题大做，你可以重复他们的话但不要带脏字，让他们知道你并不喜欢他们说出的这些脏字。

应聘时，询问单位的福利是不合适的；就像相亲时，询问对方的收入一样。

（五）关于"家庭"

1. 成语、习语
恶语相向

母/牝鸡司晨，家业不兴。

2. 摘句、摘语
大人说话，小孩别插嘴。

丈夫软弱无能，而一切都由妻子发号施令的家庭可能会不幸福。

一个人对待自己的家人都可以恶语相向，那他对待外人再怎么恭敬，都不可能是真心的。对家人的态度就是这个人的人品。

三、对"礼节习俗"的客观表述

(一) 泛指

1. 成语、习语
老鸟怎么唱、小鸟怎么学。
老公鸡怎么叫、小公鸡怎么学。
祈祷和吃饭不影响一个人的行程。

2. 名篇、名言
礼义之始,在于正容体、齐颜色、顺辞令。 ([西汉]《礼记·冠义》)
自敬则人敬之,自慢则人慢之。 ([南宋]朱熹,转引自李华木,2000:256)

3. 摘句、摘语
傲慢和温雅,永远难共处。

(二) 职场

摘句、摘语
参加工作后,你的同事向其他人介绍你时,你要认真听清楚你的同事怎样称呼对方。如果你不知道怎么称呼,可以去问你的上司,或问介绍你的同事,也可去问人事部门的同事。

(三) 家庭

名篇、名言
大家礼义教子弟,小家凶恶训儿郎。 ([明]《增广贤文》)

第十章 逻辑道理

【本章导语】

在我们说话沟通时,我们的思维是否严谨、思想是否严正、逻辑是否严密、推论是否严周、道理是否严实,乃是我们所有表达出来的言语的灵魂与命脉。

一、"逻辑道理"比较严密

【经典故事】

优孟以理服人

楚庄王十分钟爱他的一匹马,但这匹马因养尊处优、无所事事、过于肥胖而死了。庄王命令全体大臣为死马致哀,并要用一棺一椁装殓,按大夫的礼节举行葬礼。文武百官议论纷纷,欲加劝阻,楚庄王大动肝火,下令说:"哪个再来劝阻,定判死罪!"

宫中有个叫优孟的人,听到这件事后,进得宫内便号啕大哭。楚庄王问他为什么哭,优孟回答道:"这匹马是大王

说话的艺术

最心爱的马。以楚国之大,什么东西弄不到!现在却只以大夫的葬礼来办丧事,实在太轻慢了!我请求用君王的礼仪来埋葬。"楚王一听甚为高兴,便问:"依你之见,怎么个埋葬法呢?"优孟慢慢道来:"依我之见,最好是用雕琢的白玉做棺材,以精致的梓木做外椁,调集士兵挖坟,发动百姓挑土。出丧时,让齐国和赵国的使节走在队伍最前面开道,韩国和魏国的使节走在队伍的最后面护送。还要建造一座祠庙,放上牌位,追封它为万户侯。这样就能让天下的人都知道,大王是轻贱人而看重马了。"

楚庄王一听,如梦初醒,感动地说:"我的过错竟到了这种地步!那你说该怎么办呢?"优孟建议说:"既然这样,那么可以用灶头为椁,铜鼓为棺,放上花椒桂皮,生姜大蒜,煮熟炖烂伴之以米饭,埋葬到人们肚子里去吧!"庄王见优孟说得甚为有理,就照办了。

【简要述评】

优孟劝说楚庄王,与触龙说赵太后如出一辙,都是因为他们做到了以理服人。

(一)判断

1. 成语、习语

鞭辟入里	入情入理	独到之见
持平之论	微言大义	诛心之论
大道无言	有声有色	头头是道
理直气壮	无可争辩	无可辩驳
言之成理	言之有理	言之凿凿

第十章　逻辑道理

正言若反　　　　　忠言逆耳　　　　忠言无价
轻诺寡信
轻诺必寡信，多易必多难。　　诺言多了信誉少。
半真半假常是弥天大谎。　　　必要的谎言没有害处。
一仆事二主，必定骗一人。　　奉伺二君，必骗其一。
忠言有益无害。　　　　　　　自诩和说谎，二者正相仿。
真理越辩越明。　　　　　　　真理越伟大，诽谤也越大。
真理不怕诽谤和不公正烈火的焚烧。
真理可能受到责难，但决不会被羞辱。
一切伟大的真实都开始于冒犯神圣。
语言贫乏，说明头脑空虚。

2. 名篇、名言

希意道言，谓之谄；不择是非而言，谓之谀；好言人之恶，谓之谗。（［战国］《庄子·渔父》）

言近而指远者，善言也；守约而施博者，善道也。（［战国］《孟子·近心下》）

有言逆于汝心必求诸道，有言逊于汝志必求诸非道。（《尚书·太甲下》，转引自钱厚生，2010：431）

赞美有时是斥责，斥责有时是赞美。（［法国］拉罗什富科[①]）

谄媚和懦弱是最坏的罪恶。（［俄国］屠格涅夫《阿霞》[②]）

人类天性中最深刻的动机是渴望被赏识。（［美国］威

[①] 名人传（https://www.mingrenzhuan.com/mingrenmingyan/1559.html）．2020-7-9.

[②] 岁年网（https://www.suinian.com/geyan/23973.html）．2020-7-9.

廉·詹姆士，转引自卡耐基，2011b：16）

人性中最内在的冲动是受重视的愿望。（［美国］约翰·杜威，转引自卡耐基，2011b：15）

3. 摘句、摘语

别害怕被拒绝。对方说"不"，并不一定是真正意义上的拒绝，而很可能只是按下了暂停键。

善良是聋子能听见、哑巴能领悟的语言。

所有的口才都依赖于思想，所有的思想都依赖于学习、观察、思考和积累。

能管住自己嘴的人是健康的主人。

雄辩，就是烧成一团熊熊大火的逻辑。

（二）说明

1. 成语、习语

循名责实　　　　自圆其说　　　　自作解人
吹牛和撒谎本是同宗。　　大风预告着暴雨即将来临。
坏事也能教育人。　　　　饥饿是老师，教人许多事。
魔鬼有时也会讲真话。　　傻子的话有时也说得中肯。
兴趣不会说谎。　　　　　玩笑往往应验。
说谎者从来不相信他人。
说谎者以骗人开始，以骗自己告终。
说漂亮话不费分文，但价值甚大。
聪明人也有被傻瓜难倒的时候。
马儿再好也需要鞭策，男子再聪明也需要忠告。
公鸡叫也天亮，不叫也天亮。
无功常得名，无过常失名。
鹊不得喜，鸦不得殃。

第十章　逻辑道理

2. 名篇、名言

道可道非常道,名可名非常名。　([春秋]老子《道德经·第一章》)

不知命,无以为君子也;不知礼,无以立也;不知言,无以知人也。　([春秋]《论语·尧曰》)

博学而详说之,将以反说约也。　([战国]《孟子·离娄下》)

问渠哪得清如许,为有源头活水来。　([南宋]朱熹《活水亭观书有感》)

识不足则多虑,威不足则多怒,信不足则多言。　([清]陈宏谋《养正遗规》①)

从古到今,没有一个人聪明到不需要听任何人的意见。(傅雷,转引自傅敏,2004:256)

读书使人充实,讨论使人机敏,写作使人严谨。　([英国]培根②)

思想以自己的言语喂养它自己而成长起来。　([印度]泰戈尔《飞鸟集》③)

赞扬是一种精明、隐秘和巧妙的奉承,它从不同的方面满足给予赞扬和得到赞扬的人们。　([法国]拉罗什富科④)

甚至在最好的、最友爱的、最单纯的关系中,阿谀或称赞

---

① 百度知道(https://zhidao.baidu.com/question/331517916.html). 2020-7-9.

② 语文迷(http://www.yuwenmi.com/ju/675533.html). 2020-7-9.

③ 新东方网(http://tool.xdf.cn/jdyl/result_taigeer22.html). 2020-7-9.

④ 金句吧(https://www.jinju8.com/ju/nlsq). 2020-7-9.

也是不可少的,正如同要使车轮子转得滑溜,膏油是不可少的。（［俄国］列夫·托尔斯泰①）

承认自己也许会弄错就能避免争论,而且可以使对方跟你一样宽宏大度、承认他也可能有错。（［美国］卡耐基,转引自李华木,2000:3）

如果你把谎言撕碎,那些碎片就是真理。（［美国］尤金·奥尼尔②）

3. 摘句、摘语

对感恩的人,给他的比他所要的还要多。

会说话就能交到好朋友,还令人开心。

人们想让跟他接触的人都认同他,想要别人承认他真正的价值,想在他的小世界里获得受重视的感觉,不希望得到廉价的、不真诚的阿谀奉承,渴求别人真诚的赞赏,希望他的朋友赞扬他并慷慨地送上嘉许,所有的人都需要这些。

承诺兑现不了会造成失望,用惊喜代替承诺却能给情感保鲜。承诺太多等于拒绝。

健谈并不等于有口才,健谈是能说,并不一定是会说。

口若悬河,不能证明其人有智慧。

6:3:1,这个商业成功的黄金定律是说:谈判前的准备占6成,谈判占3成,圆满的收尾占1成。

你要向对方讲清楚一个新的概念,首先要想想他脑子里有些什么旧的概念,然后"旧瓶装新酒",就能让对方秒懂新的概念。

情商,是在和人不断打交道中锻炼出来的。你低头看手

---

① 中小学试题库（https://www.gxfz.org/1035597.html）. 2020-7-9.

② 名言通（https://www.mingyantong.com/ju/1422011）. 2020-7-9.

机，但抬头还是得面对人，何况手机里也是朋友圈。

三件最困难的事情是：保守秘密、忘却伤害和善于劳动。

砍价时可这样说："我确实很喜欢这东西，很想在你这儿买，不过有一些店卖得更便宜，让我很犹豫啊。"包括伴侣之间想给对方提意见，也可以采用这种"斗而不破"的说法。

善于演讲的人并不一定善于谈话，因为演讲是单方面的，而谈话却是双方面甚至多方面的，不只要讲，还要善于听。

舌头为什么是柔软的，就是因为我们需要舌头打卷，需要舌头转弯，需要将肚子里的话委婉地表达出来。

说服对方不是为了赢，不是洗脑，而是达成共同的合作。

提的要求越少，烦恼越少，身体越好。

许多时候，我们不愿向人倾诉自己的忧和愁，除了不愿麻烦别人之外，更重要的是我们慢慢学会了自我疗愈和自我勉励。

说话幽默的人就像走路好看的人，而讲笑话就像翻跟斗，其实很少有人喜欢和一个翻跟斗的人一起走路。

撒娇，就是以儿童的立场示弱，并把对方捧到天上去。

倾诉，往往是说给自己听。

倍感压力的人，是因为他们对事情的期望值过高或担心过重。

（三）告诫

1. 成语、习语

一诺千金　　以理服人　　以谬治谬

言语肮脏，心灵不净。　　　　平正止争讼。

骗术尽管巧妙，也只灵验一次。

骗人终骗己。

说话的艺术

牛因角被执,人因舌惹祸。
一次行骗,终身遭疑。
咬人者反被咬。
言语如蜜蜂,酿蜜也蜇人。
说大话者不是好实干家。
说话多了,必有废话。
骂人就是骂自己。
认罪是悔过的第一步。
说谎是走向断头台的第一步。
说谎者和盗贼是难兄难弟。
从真理到谎言仅一步之遥。
谎言总是站不住脚的。
谎言生谎言,谎言代代传。
达成的协议不可撕毁。
多结冤仇,祸患流溢。
坏事传千里。
诽谤他人就是用石头砸自己。
恭维话不能当饭吃。
悔罪代价高昂。
起诉容易终讼难。
一旦撒谎,欲止难休。
言轻则招忧。
谋事在人,成事在天。
说大话者谎话多。
说话太多,会说傻话。
诅咒他人会遭恶报。
撒谎是做贼的第一步。
说谎的嘴伤害心灵。
说谎者必行窃。
谎言腿短。
谎言改变不了事实。
谎言是荨麻,谁玩谁扎手。
大地有耳朵,谣言有翅膀。
多一句空话,少一件实惠。
恶语伤人胜过利剑。
公道自在人心。
好歌再优美,多唱也没味。
良药苦口。
良药苦口利于病,忠言逆耳利于行。
自诩无所不知,其实愚昧无知。
为自己辩白,就是谴责自己。
偷听者永远听不到自己被人夸奖的话。
说出去的话如同扔出去的石头,都是收不回来的。
嘲笑别人者,必定被别人嘲笑。
不正确的事不做,不真实的话不说。
两人吵架、第三人得利。

第十章　逻辑道理

牧羊人吵架，狼乘虚而入。

牧羊人争吵，恶狼趁机大嚼。

水至清则无鱼，人至察则无徒。

2. 名篇、名言

巧言令色，鲜矣仁。（［春秋］《论语·学而》）

有德者必有言，有言者不必有德。（［春秋］《论语·宪问》）

邦有道危言危行，邦无道危行言孙。（［春秋］《论语·宪问》）

不学《诗》，无以言。（［春秋］《论语·季氏》）

人之患在好为人师。（［战国］《孟子·离娄上》）

仁言不如仁声之入人深也，善政不如善教之得民也。（［战国］《孟子·尽心上》）

小辩害大智，巧言使信废，小惠妨大义。（［西汉］刘向，转引自钱厚生，2010：389）

酒入口者，舌出；舌出者，言失；言失者，弃身。与其弃身，不宁弃酒乎？（［西汉］韩婴，转引自李华木，2000：108）

导人必因其性，治水必因其势。（［东汉］徐干《中论·贵言》，转引自钱厚生，2010：60）

见人之过、得己之过，闻人之过、得己之过。（［南宋］杨万里，转引自李华木，2000：22）

说话的艺术

以其人之道,还治其人之身。 ([南宋]朱熹《中庸集注》①)

好言难得,恶语易施。 ([明]《增广贤文》)

多言者必无质实之心。 ([清]曾国藩,转引自郦波,2011b:239)

不知人之短不知人之长,不知人长中之短,不知人短中之长,则不可以用人,不可以教人。 ([清]魏源,转引自钱厚生,2010:31)

世上本没有路,说的人多了也就成了路! (白岩松,2010:代后记)

养儿子不教,害死自己全家;养女儿不教,害死别人全家。 (曾仕强、刘君政,2012:封底页)

说谎话的人所能得到的,就只是即使说了真话也没有人相信。 ([古希腊]伊索,转引自李华木,2000:270)

好以口快斗,是后皆无安。 (《法句经·言语品》②)

为得到庸俗的赞美而抛弃诚实的人是得不偿失的。 ([英国]本·琼森③)

赞美能使好人变得更好,使坏人变得更坏。 ([英国]

---

① 百度百科 (https://baike.baidu.com/item/%E4%BB%A5%E5%85%B6%E4%BA%BA%E4%B9%8B%E9%81%93%EF%BC%8CE8%BF%98%E6%B2%BB%E5%85%B6%E4%BA%BA%E4%B9%8B%E8%BA%AB/1780893?fr=aladdin). 2020-7-9.

② 新浪博客 (http://blog.sina.com.cn/s/blog_a5a5dc910102ycrl.html). 2020-7-9.

③ 百科故事 (https://www.ty53.com/lore/zvven.html). 2020-7-9.

第十章 逻辑道理

托·富勒①）

即使好心地称赞，也必须恰如其分。（［英国］培根，转引自李华木，2000：18）

撒谎所受的惩罚，与其说是他不再受人信任，毋宁说是他无法再信任别人。（［爱尔兰］萧伯纳，转引自李华木，2000：270）

有些人就像是流行歌曲，你只会短时间把他们挂在嘴边。（［法国］拉罗什富科②）

称赞固可使人着迷，但也足以害人！它正如混着蜜糖的毒酒，是为被判处死刑的人准备的。（［苏联］高尔基《论文学》③）

对美的事物作似是而非的赞颂，这无异于侮辱。（［保加利亚］安格尔④）

坦白，于灵魂有益，于声誉有害。（［美国］马克·吐温，转引自李华木，2000：69）

"我能原谅，但我不能忘记"，只是"我不能原谅"的另一种说法。（［美国］亨利·华德·必彻，转引自卡耐基，1987：119）

---

① 追学网（http://lishi.zhuixue.net/wenhua/54509.html）．2020 - 7 - 9．

② 新东方网（http://tool.xdf.cn/jdyl/result_laluoshenfuke16.html）．2020 - 7 - 9．

③ 百度文库（https://wenku.baidu.com/view/90bcd6ba770bf78a652954dc.html）．2020 - 7 - 9．

④ 天添资源网（https://www.ttzyw.com/xszw/2020/11643.html）．2020 - 7 - 9．

3. 摘句、摘语

有理不在话多。　　　　　　　有理不在声高。

有理走遍天下，无理寸步难行。

一个人炫耀什么，说明内心缺少什么。

我们最不愿意听到的事实，往往是知道了就会对我们大有好处的事实。

说话，就是和别人相处。你越会说话，别人就越快乐，别人也就会越喜欢你，你得到的帮助就越多，你也会越快乐。

很少有人能在谈话中保持理智与愉快，原因之一是很少有人能够少想自己要说什么，而多想应该回答什么。

不讲好话带来"五没"：没命，没钱，没官，没情，没朋友。

不要夸自己有多好，人们一般不会相信；也不要贬损自己有多坏，人们通常会相信这个的。

不接受廉价的忠告，就得高价买后悔药。

不想让人家听到的，就别跟人家提起。

读万卷书不如行万里路，行万里路不如阅人无数，阅人无数不如名师指路，名师指路不如贵人相助，贵人相助不如自己开悟，自己不悟神仙也难救。

话说八分满。你把事情形容得太好，别人反而会怀疑你是不是在夸大其词或者别有用心。

借口是拖延的温床，借口的实质是推卸责任。找借口，不如说"我不知道"。

你能做到的不要都做光，你所拥有的不要都花光，你所听到的不要都相信，你所知道的不要都告诉别人。

你可以一直愚弄一些人，甚至可以在某个时期愚弄所有人，但不可能对所有人一直愚弄下去。

人生多歧途，偏执最容易走入死胡同，所以应该听听别人的建议和忠告，然后自己再做决断。

人有命运，但命运绝不是不可改变的，只要思善言善行善，也就是存好心、说好话、做好事，命运就会朝好的方向发展。

（四）关于"职场"

1．成语、习语

位高遭人妒，峰高招风怒。

2．名篇、名言

凭君莫话封侯事，一将功成万骨枯。（［唐］曹松《己亥岁二首》）

用人极难，听言亦殊不易。（［清］曾国藩，转引自郦波，2011b：237）

不管人们怎样夸耀自己的伟大行动，他们常常只是机遇的产物，而非一个伟大意向的结果。（［法国］拉罗什富科[①]）

在鼓掌喝彩的时候总会有一些噪音，即使是自己对自己喝彩。（［德国］尼采[②]）

3．摘句、摘语

一个人即便做得再好、再完美，依然会有人唱反调，你的周围总是有 30% 的人不相信你，想要讨好所有人根本就行不通。

如果上司说信任你或者下属说忠于你，事实可能正好相

[①] 金句吧（https://www.jinju8.com/ju/njhn）. 2020－7－9.
[②] 豆瓣读书（https://book.douban.com/review/12621512/）. 2020－7－9.

反,因为信任和忠诚是不必说的。刻意说出来的一定有假,至少背后有水分。

(五)关于"家庭"

1. 成语、习语
良马会失蹄,贤妻也唠叨。
家家都有本难念的经。
说妻子坏话等于羞辱自己。

2. 摘句、摘语
有的亲人舍不得在某方面花钱消费,是因为在他的人生经验里无法接受这种"新形态账户",所以才觉得很浪费。比如,你可以把外出旅游的费用纳入"眼界提升基金"中来说服他。

亲密的人之间特别容易说出一些难听的刻薄的话,让你很难受,这个时候你可以表示:"我不同意,但我能理解。"这种平等交流的方法,既不伤害对方,也不委屈自己。

当我们给孩子提供建议或者能立马见效的解决办法时,其实我们也就剥夺了他们自己去面对问题、解决问题的探索过程。

如果孩子不和你沟通,躲着你,什么事都不告诉你,可能是因为你总爱打击他。

如果你的小孩很容易和你作对、不耐烦、易生气,可能是因为你对他们赞扬得不够,他认为只有这样才能引起你的注意。

如果你的小孩没礼貌、不懂得尊重他人的感受,可能是因为你或其他人不注意礼貌,总是命令他们、不重视他们的感受。

第十章 逻辑道理

如果小孩不敢坚持他自己的意见，可能是因为你曾经常常在公共场合教训、斥责他们。

如果小孩说谎，可能是因为你过去对他所犯的错误反应过度了。

二、"逻辑道理"不够严密

【经典故事】
威尔斯理屈词穷

20世纪30年代中期，香港茂隆皮箱行生意兴隆，引起了英国商人威尔斯的嫉妒。威尔斯设下圈套，一心想整垮茂隆皮箱行。一次，他到茂隆皮箱行订购3000只皮箱，合同规定一月后取货，逾期交货或质量不佳，由卖方赔偿损失50%。茂隆皮箱行素以货真价实、信守合同著称，如期向买主交了货。可是威尔斯仍无理取闹，他向法院提出诉讼：合同写的是皮箱，而所交皮箱的某些部件是用木料做的，有木料的货不能算是皮箱。因此，要求按合同规定赔款。茂隆皮箱行委托律师罗文锦出庭进行辩护。

威尔斯在法庭上气焰嚣张，罗律师从容不迫地从席上站起来，取出一只大号金怀表，高声问："法官先生，请问这是什么表？""这是英国伦敦出口的金表，可是这与本案无关。"法官答道。"当然有关，"律师继续说，"这只表叫金表，但难道除了它在表壳有镀金以外，它内部的机件也是金制的吗？既然并非完全用金制的表叫金表，那么并非完全用皮制的箱为什么不能叫皮箱呢？"稍加停顿，罗律师提高嗓音说："由此可见，茂隆行的皮箱案，不过是原告无理取

说话的艺术

> 闹,存心敲诈而已。"
> 由于罗律师的有力辩护,威尔斯理屈词穷,最终以诬告罪被判罚款 5000 元。

> 【简要述评】
> 在这个故事中,威尔斯断章取义、无中生有、无理取闹,律师比譬贴切、辩护有力,最终使得威尔斯理屈词穷,被判以重罚。

(一) 推论不够正确

1. 成语、习语

人如其言　　　言如其人　　　一家之言
耳朵发烧,有人念叨。　　说个葫芦就是瓢。
说谎不交税。
手净不用洗,无罪何须辩。　　谁笑得多,谁就哭得多。
两人吵架,两人都错。　　听其言,知其人。
鸟以声闻,人以言知。
闻歌知其鸟,闻言知其人。
听其声知其鸟,听其言识其人。
听其言识其傻,观其耳识其驴。
告诉我你吃什么,我就知道你是什么样的人。
告诉我你同谁交往,我就知道你的为人。
人人都这么说,必定是事实。
你能说服自己,就能说服别人。

2. 摘句、摘语

你的缺点和失败,反而是最适合增加你与对方亲密度的话

第十章　逻辑道理

题。你欢笑时全世界伴你欢笑,你哭泣时唯有你自己向隅而泣。

你平时说什么样的话,你就是什么样的人。

你忍不住把秘密告诉了对方,对方也一定会忍不住想要分享出去。

(二) 判断不一定客观

1. 成语、习语

词不达意　　　穿凿附会　　　牵强附会
倒打一耙　　　颠倒黑白　　　颠倒是非
蛊惑人心　　　天花乱坠　　　空穴来风
理屈词穷　　　强词夺理　　　无理取闹
偷换概念　　　落话把儿　　　贻人口实
硬语盘空　　　语无伦次　　　自食其言
自相矛盾

前言不搭后语。　　　　　　　五十步笑百步。
驴唇不对马嘴。　　　　　　　牛头不对马嘴。
有钱道真语,无钱语不真。　　睁着眼睛说瞎话。
恶语无伤,甘言无益。　　　　结交要广,知己要少。

2. 名篇、名言

所有的人说的谎,小谎、大谎、善意的谎,都是为确保社会安宁、心理舒适采取的必要手段。　([美国] 梅尔[①])

---

① 新东方网 (http://yingyu.xdf.cn/201302/9332622.html). 2020-7-9.

参考文献

《传统国学典藏》编委会. 三字经·百家姓·千字文·弟子规［M］. 北京：中国画报出版社，2011.

《公司的力量》节目组. 公司的力量［M］. 太原：山西教育出版社，2010.

《图说天下·国学书院系列》编委会. 唐诗宋词元曲［M］. 长春：吉林出版集团有限责任公司，2007.

《小墨香书》编委会. 红楼梦诗词［M］. 南昌：江西高校出版社，2017.

《新三字经》编写委员会. 新三字经［M］. 广州：广东教育出版社，1995.

Clark，Ron. *The Essential* 55 ［M］. New York：Hyperion，2002.

阿程，张琳，等. 舌战韬略——斗智伐谋大全［M］. 2版. 北京：中国华侨出版社，1996.

白丽洁. 高情商沟通［M］. 北京：中国法制出版社，2017.

白岩松. 白说［M］. 武汉：长江文艺出版社，2010.

白运增. 百年语录［M］. 武汉：武汉出版社，2011.

拜恩. 秘密［M］. 谢明宪，译. 长沙：湖南文艺出版社，2013.

参考文献

贝思德教育机构. 导游口才训练教程［M］. 西安：西北大学出版社，2002.

比尔肯比尔. 你的身体会说话［M］. 景丽屏，译. 合肥：安徽人民出版社，2003.

编译组. 礼记译注［M］. 北京：中国商业出版社，2012.

波斯特. 款待礼仪［M］. 于春迟，王惠，译. 北京：外语教学与研究出版社，1996.

波斯特. 礼仪［M］. 朱云奇，伍耿新，译. 北京：外语教学与研究出版社，1995a.

波斯特. 商务礼仪［M］. 赵东泓，译. 北京：外语教学与研究出版社，1995b.

波斯特. 书信礼仪［M］. 孙蓓，译. 北京：外语教学与研究出版社，1995c.

蔡典谟. 协助孩子出类拔萃［M］. 北京：中国轻工业出版社，1999.

蔡践. 口才大全［M］. 北京：当代世界出版社，2006.

蔡践. 礼仪大全［M］. 北京：当代世界出版社，2007.

曹希波. 口到钱来——你的口才价值百万［M］. 北京：企业管理出版社，2007.

陈璧辉. 成语小词典［M］. 上海：汉语大词典出版社，2000.

陈锡喜. 平易近人——习近平的语言力量［M］. 上海：上海交通大学出版社，2014.

陈一鸣. 会说话的三笔财富［M］. 赤峰：内蒙古科学技术出版社，2007.

陈准，周建设. 实用论辩艺术［M］. 长沙：湖南科学技术出版社，1990.

崔永元. 有话说［M］. 杭州：浙江人民出版社，2018.

大串亚由美. 一句话征服对方［M］. 北京：北京大学出版社，2009.

大唐雷音寺. 特别会说话［M］. 北京：新世界出版社，2016.

大唐雷音寺. 特别会说话2［M］. 北京：台海出版社，2018.

稻盛和夫. 活法（修订版）［M］. 曹岫云，译. 北京：东方出版社，2009.

邓球柏. 白话易经［M］. 长沙：岳麓书社，1993.

丁远峙. 方与圆［M］. 深圳：海天出版社，2006.

董小玉. 俗语小词典［M］. 成都：四川辞书出版社，2000.

法伯，等. 如何说孩子才会听 怎么听孩子才肯说［M］. 安燕玲，译. 北京：中央编译出版社，2012.

冯梦龙. 智囊全集［M］. 北京：中华书局，2007.

弗里莱. 辩论与论辩［M］. 李建强，等，译. 保定：河北大学出版社，1996.

傅敏. 傅雷家书［M］. 沈阳：辽宁教育出版社，2004.

甘肃师范大学中文系《汉语成语词典》编写组. 汉语成语词典［M］. 上海：上海教育出版社，1978.

高德. 洗脑术［M］. 南京：江苏文艺出版社，2013.

高德. 洗脑术2：实践篇［M］. 北京：北京时代华文书局，2014.

葛拉西安. 智慧书［M］. 王涌芬，译. 北京：中央编译出版社，2008.

功荣. 当众讲话113法［M］. 包头：内蒙古人民出版社，2005.

季世昌. 毛泽东诗词鉴赏大全［M］. 南京：南京出版社，1994.

杰纳兹，等. 组织中的人际沟通技巧：第2版［M］. 时启亮，等，译. 北京：中国人民大学出版社，2006.

京师心智. 说话艺术速查速用大全集：第3版［M］. 北京：中国法制出版社，2016.

卡耐基. 智慧的锦囊［M］. 梁识梅，译. 北京：农村读物出版社，1987.

卡耐基. 卡耐基励志经典大全集［M］. 杨卫芹，译. 海口：南海出版公司，2011a.

卡耐基. 口才的魅力［M］. 王剑，译. 西安：陕西师范大学出版社，2007.

卡耐基. 人性的弱点［M］. 李晨曦，译. 南京：凤凰出版传媒集团、译林出版社，2011b.

凯普. 没有任何借口［M］. 金雨，编译. 北京：机械工业出版社，2003.

李华木. 名人名言［M］. 延吉：延边人民出版社，2000.

郦波. 郦波评说曾国藩家训：上［M］. 北京：中国民主法制出版社，2011a.

郦波. 郦波评说曾国藩家训：下［M］. 北京：中国民主法制出版社，2011b.

林珂. 孩子问题的106个解决方案［M］. 北京：九州出版社，2010a.

林珂. 家庭教育的精神密码［M］. 北京：九州出版社，2010b.

刘青文. 增广贤文［M］. 北京：北京出版集团公司，北京教育出版社，2015.

刘墉. 说话的魅力：第3版［M］. 南宁：接力出版社，2019.

罗宾斯，等. 管理学：第7版［M］. 孙健敏，等，译. 北京：中国人民大学出版社，2003.

吕国荣. 决定成败的49个细节［M］. 北京：中国商业出版社，2004.

马登，等. 羊皮卷［M］. 白雯婷，编译. 北京：中国华侨出版社，2013.

马登. 改变千万人生的一堂课［M］. 夏芒，译. 银川：宁夏人民教育出版社，2004.

马薇薇，等. 好好说话：新鲜有趣的话术精进技巧［M］. 北京：中信出版集团，2017.

马薇薇，等. 好好说话2：简单有效的高情商沟通术［M］. 北京：北京联合出版公司，2018.

马银春. 口才训练与演讲艺术［M］. 北京：中国物资出版社，2005.

欧阳谋. 口才学大全［M］. 北京：中国城市出版社，1998.

皮斯，等. 身体语言密码［M］. 王甜甜，黄佼，译. 北京：中国城市出版社，2007.

钱厚生. 中国古代名言辞典［M］. 南京：南京大学出版社，2010.

瑞芬伯. 没有任何借口——最高效的行动模式［M］. 周芸，译. 贵阳：贵州人民出版社，2005.

舒丹. 实用口才必备手册［M］. 北京：中国电影出版社，2005.

孙海燕，刘伯奎. 口才训练十五讲：第2版［M］. 北京：

北京大学出版社，2004.

孙洁. 口才改变命运［M］. 北京：海潮出版社，2003.

汤鹏. 汤鹏集：一、二［M］. 长沙：岳麓书社，2011.

唐品. 孝经全集［M］. 成都：天地出版社，2017.

唐异常，杨新正. 忍经·劝忍百箴［M］. 喀什：喀什维吾尔文出版社，2001.

田村耕太郎. 不争辩的智慧［M］. 胡南夫，译. 北京：北京大学出版社，2017.

王荣槐. 家教方略［M］. 武汉：武汉测绘科技大学出版社，1994.

王舒平. 青少年要培养的60个习惯［M］. 北京：海潮出版社，2005.

王双龙. 实用口才艺术［M］. 大连：大连出版社，1991.

王希杰. 说话的情理法［M］. 长沙：湖南师范大学出版社，1989.

王阳明. 彩图全解传习录［M］. 思履，主编. 北京：中国华侨出版社，2016.

卫志强. 马克思恩格斯列宁斯大林论语言［M］. 北京：中国社会科学出版社，2015.

闻闸. 播音主持话语技巧训练：第2版［M］. 北京：中国广播影视出版社，2018.

沃斯，拉兹. 掌控谈话［M］. 赵坤，译. 北京：北京联合出版公司，2018.

吴洪激. 说话技巧精妙［M］. 武汉：武汉大学出版社，1999.

奚华. 把话说到人心窝里［M］. 北京：中国商业出版社，2007.

习近平. 习近平谈治国理政［M］. 北京：外文出版社，2014.

习近平. 习近平谈治国理政（第二卷）［M］. 北京：外文出版社，2017.

咸奎汀. 有情绪，没什么大不了［M］. 千太阳，译. 北京：北京联合出版公司，2013.

谢国计. 别让沉不住气毁了你［M］. 北京：九州出版社，2014.

杨澜，朱冰. 一问一世界［M］. 上海：上海世纪出版集团，上海文艺出版社，2019.

殷亚敏. 练好口才的第一本书［M］. 北京：民主与建设出版社，2015.

于丹. 于丹《论语》心得［M］. 北京：中华书局，2006.

曾仕强，刘君政. 教养：曾仕强给中国父母的教子忠告［M］. 北京：商务印书馆国计有限公司，2012.

曾仕强. 曾国藩的启示［M］. 北京：北京联合出版公司，2014.

斋藤孝. 开口就能说重点［M］. 林欣仪，译. 北京：北京联合出版公司，2015.

翟文明. 卡耐基的说话秘诀［M］. 北京：光明日报出版社，2011.

章岩. 三年学说话，一辈子学闭嘴［M］. 北京：中国文联出版社，2019.

舟侠，一碧. 经营三十六计［M］. 北京：华夏出版社，2002.

朱和中，余卫红. 英汉汉英谚语格言警句辞典［M］. 北京：商务印书馆国际有限公司，2017.